AF432306

EX LIBRIS

# UL VECC D'VERUN

# Rodolfo Pardi

## UL VECC D'VERUN
## l'antico Gergo di Varzo

MILANO

GATTERIA

MMXXII

# UL VECC D'VERUN
## l'antico gergo di Varzo

di

## RODOLFO PARDI

Editore: Gatteria ®.www.gatteria.it
Edizione cartacea 1

Data pubblicazione: 10 aprile 2022

ISBN ISBN 9791280330499

# INDICE

*Presentazione*

Dopo essermi trasferito nel 1998 a Varzo, nell'Ossola, sono rimasto incuriosito da una frase dell'Alvazzi che menzionava strani vocaboli. In paese nessuno apparentemente ne sapeva niente, mi fu procurata una fotocopia del "discorso del Veglia", dove c'erano una ventina di questi vocaboli. Solo nel 2012 sono riuscito a rinracciare l'originale con una bella incisione in verde, stampato a Parigi!

Si parlava vagamente di un libretto contenentene un centinaio, introvabile, fino a che un Varzese emigrato in Svizzera mi procurò copia dell'originale del Savaglio.

A questo punto, continuando le ricerche, un allievo del Contini, professore a Friburgo, mi procurò una fotocopia dell'Italia dialettale del 1932 contenente la sua ricerca, un'altra persona mi procurò un manoscritto sconosciuto del D'Avino. Grazie ai responsabili della Biblioteca di Bellinzona, ebbi accesso al quaderno fonologico di Varzo di fine '800, anche questo sconosciuto; entrai in contatto con un appassionato di studi comparati di gerghi di mestieri, e fortunosamente rintracciai l'autrice di una altrettando sconosciuta tesi sulla fonologia del dialetto di Varzo, comprendente anche un'intervista al Dottor Mazzurri, uno degli informatori del Contini. Generosamente mi dette l'originale della Tesi da consegnare alla Biblioteca di Domodossola, dove può essere consultata.

Mi sono formato nel frattempo una biblioteca su dialetti di tutt'Italia, e della Svizzera Italiana, e penso di aver rintracciato tutto lo scarso materiale esistente su quello che Contini identificò come gergo degli emigranti di Varzo.

Perchè ebbe come informatori solamente abitanti della frazione Coggia?

Perchè andava a scuola col figlio dell'informatore Gervasio Salina, il grande invalido. A questo punto rintracciai la figlia Irene, che mi raccontò molti aneddoti e si prestò sia a qualche seduta di canzoni e aneddoti e ricordi insieme alle amiche coetanee, sia esaminò gentilmente, insieme alla ora defunta Cesarina Ridder, i vocaboli raccolti dal Contini.

Ritengo di avere raccolto tutto l'esistente riguardo questa raccolta di vocaboli che il Contini definì gergo. Una ipotesi alternativa è che fosse invece il residuo di un arcaico vecchio dialetto, che chiamerei Vecchio Dvarun (per il Savaglio era semplicemente Dvarun).

Con Piero Piretti ancora in vita, ci fu uno scambio di lettere sul Risveglio.

Questa ricerca fu pubblicata come ebook: non sarebbe mai stato possibile preparare una edizione cartacea, ma approfittando di quanto rendeva disponibile Amazon, presentai questo studio, che comprende una comparazione di tutti i vocaboli identificati, parte dei documenti sconosciuti da me ritrovati, e le mie considerazioni. Con tutti questi elementi potrete farvi una vostra opinione a riguardo. Inoltre una estesa Bibliografia riguardante Varzo e il Sempione, e la riproduzione degli introvabili: libretto del Savaglio, manoscritto del D'Avino e discorso del Veglia.

Per la corretta grafia, si rimanda al Contini e alla Fenizi

# *Introduzione*

Questa edizione di *D'verun, vecchio gergo di Varzo* era stata preparata specificatamente per il lettore Kindle monocromatico disponibile in Italia dal dicembre 2011, pubblicata come epub mobi nel 2012.

Pur con le limitazioni di non supportare le tabelle, avevo creato delle pseudotabelle a più colonne per consentire le comparazioni, perciò era consigliabile una visualizzazione in orizzontale e con carattere piccolo.

Nell'appendice erano riportati gli introvabili libretti del Savaglio, del D'Avino, e estratti del Quaderno Fonologico, della Fenizi e del Contini.

Il titolo risspechhia il più vecchio del Savaglio.

L'edizione in ebook è tuttora in commercio. Tuttavia avendo durante i due anni di pandemia pubblicato molti libri cartacei, ho pensato fosse l'ora di trasformare anche questo in una edizione cartacea più facilmente fruibile. Dove è anche possibile più comodamente annotare.

Il testo e la struttura sono rimasti gli stessi, non avendo trovato altro nel frattempo, nonostante la creazione di una vasta biblioteca di testi dialettali, soprattutto lombardi e ticinesi.

Per chi volesse discutere o approfondire qualche aspetto, potete scrivermi all'indirizzo che troverete in fondo al volume.

Buona lettura.

*Rodolfo Pardi, Varzo, 2022*

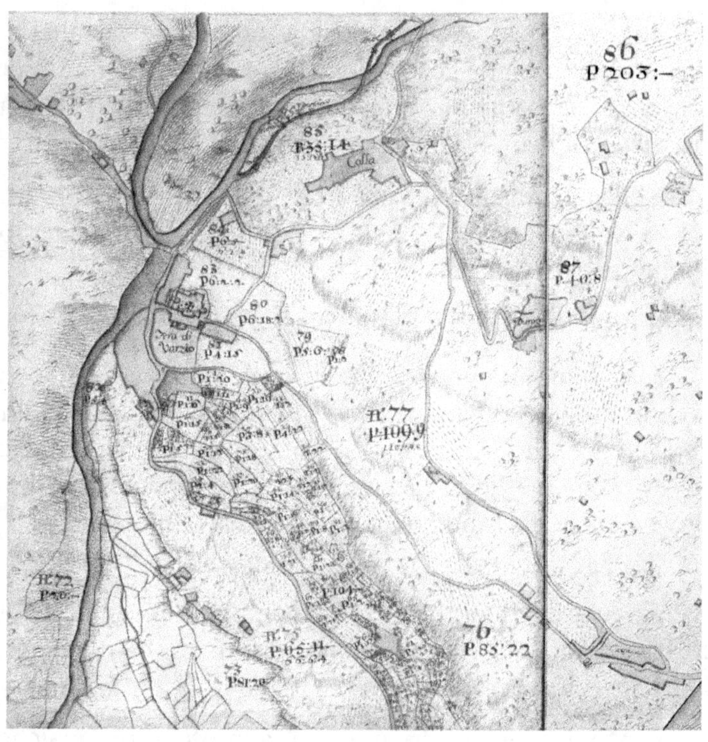

# Il vecchio Dvarun

All' Alp d'Veja, Comuna da Varsc, ai 17 d'Aost 1884.

Visto che ai nostri tempi solo qualche parola rimane del cosiddetto antico gergo di Varzo, ho pensato di fare l'inventario di quanto scritto sull'argomento, verificare l'esistenza di vocaboli conosciuti, e comprendere come esso è nato e se è corretto definirlo gergo.

Riporterò anche il testo con traduzione del discorso all'Alpe Veglia, il vocabolario del Savaglio, comparato, notizie sociologiche, ed sopravvivenza odierna di parole gergali.

## FONTI E RIFERIMENTI

**ALV** Giorgio Alvazzi, nel suo *La Valle di Vedro ed il Sempione*, La cartografica, 1913, a pag. 32, menziona qualche parola del gergo dei varzesi all'estero. Lo chiama "speciale dialetto non parlato abitualmente a Varzo, ma usato dai varzesi all'estero allo scopo di non essere intesi anche da chi conosce l'italiano" ed elenca nove "enigmatiche parole".

**CIC** Renata Ciceri, appunti familiari, circa 1960.

**CON** Gianfranco Contini, nome notissimo nella dialettologia e filologia italiane, pubblicò giovanissimo su "L'Italia Dialettale", 8, 1932, alcune importanti *Note sul gergo varzese* , intervistando sei informatori, tutti della frazione Coggia. Non solo dà un ricco vocabolario, ma anche commenti e note. Nella ristampa del 1995, *Domodossola entra nella storia*, ediz. Grossi, Domodossola, sono riportate due foto dell'informatore Gervasio Salina.

**DAV** Manoscritto (forse 1920) del sacerdote Giuseppe Salina (1877-1949), scrittore con pseudonimo Vittorio D'Avino, uno degli informatori del Contini. Divide il vocabolario in raggruppamenti. *Glossario gergale*, ossia Gergo dei calzolai e dei lattonieri Varzesi, emigrati in Isvizzera e nel Basso Piemonte. Compilato per il barbiere Varzese Albino Morosini. Contiene anche qualche parola identificata da lui come dialetto.

**FEN** Paola Fenizi, Il dialetto della Val Divedro. 1968. Tesi molto professionale, contenente anche una parte relativa al vecchio gergo, ricontrollando le voci raccolte dal Contini, con uno dei suoi informatori ancora in vita, il dott. Gaudenzio Mazzurri. Ritiene che il gergo si sia formato in due fasi, la più antica con gli emigranti nel Monferrato, la più recente con quelli della Francia.

**FER** Ernesto Ferrero, *Dizionario storico dei gerghi italiani, dal quattrocento ad oggi*, Milano, Mondadori, 1991, 442 pag. Monumentale opera comparativa. Nonostante il ponderoso studio, essendo l'autore esperto del gergo dei malviventi, include soltanto pochi riferimenti per quello degli artigiani.

**GOL** Giacomo Goldaniga, Dizionario dei gerghi di mestiere. 2006. Comprende il "Vecchio Dvaron". Molto interessante la tabella delle comparazioni di tutti i gerghi tra loro. Quello che stiamo considerando non ha praticamente riscontri.

**ID** "L'Italia Dialettale"

**IRE** Irene Salina Borello ( cl 1922), figlia del grande invalido Gervasio, uno dei 6 intervistati dal Contini. Intervistata nel 2004, insieme a Cesarina Ridder (cl 1916), ha riconosciuto buona parte dei vocaboli rilevati dal Contini.

**LEO** Discorso pronunciato nel corso dell'inaugurazione del Rifugio Monte Leone all'Alpe Veglia nel 1884, prevalentemente in dialetto, con una ventina di parole in gergo.

**LES** *Lessico dialettale della CH It*, 2004

**MAZ** dott Gaudenzio Mazzurri. Intervistato dalla Fenizi, secondo lui, "molti sono i vocaboli che non fanno parte del gergo, ma che il Contini ha trascritto per scrupolo, in quanto i parlanti avevano la coscienza di adoperare un gergo."

**OSC** "Oscellana", n. 1 anno 4, 1974, pag 44-47, Spunti di cronaca varzese della fine del secolo passato, a cura di Franco Volante. Riporta oltre al discorso del Veglia, un ulteriore testo, dialogo fra le comari "Megna cou d'Giabusin" e "Sinforosa Piacianusc".

**QUA** Quaderno fonologico n. 105 (Domodossola e Varzo), informatore Giovanni Cerutti, nato nel 1855

**REW** W. Meyer-Lübke. *Romanisches etymologisches Wörterbuch*, Heidelberg, C. Winter's Universitätsbuchhandlung, 1911 (e successive ristampe)

**SAL** "Ul dvarun" di Luciana Rigoni e Irene Salina, 1993, vocabolario e grammatica varzese, dichiara di non interessarsi al gergo. Nell'introduzione: "Questi strani vocaboli, come geuza, scabi, stafell, non fecero mai parte del vero dvarun", mostra che le autrici sono coscienti della differenza.

**SAV**: Giorgio Savaglio, *Vocabolo del Dverun*, Domodossola, Tipografia Porta, 1911, 10 x 14,5 cm, 27 pag. Sono tre colonne in ordine alfabetico di 176 voci, in francese, dverun e italiano, e nella breve prefazione l'autore scrive: "Aviss. A pretendi mia, con quest d'avè facc un cap lavor. A io aussu fe solament una raccolta d'ul vecc d'verun, che i neust creuf stanziavign tra da lor per mia fass capì d'aieut." ... che i nostri vecchi usavano per non farsi capire dagli altri. Intende probabilmente che è un vecchio dialetto, ormai parlato solo dai vecchi. Nelle brevi note sulla pronunzia, " Ü con due punti sopra si pronuncia come in tedesco che non si pronunzia in italiano, ma poco presso come dicono i carrettieri ai loro cavalli per farli andare: ü ".

**VSI** *Vocabolario dei dialetti della Svizzera Italiana.* 1952- ... In progress. Monumentale opera con tre milioni di schede, in corso di elaborazione presso il centro di etnologia ed etnografia di Bellinzona. Arrivati a CAR nel 2003. Ricerca iniziata nel 1907, che copre anche le valli Ossolane.

# Discorso dell'alpe Veglia

Nel seguente raro documento, stampato originariamente a Parigi in elegante veste tipografica (Imp F.V. Camis, Rue St Sabin, 56 Paris), uno dei pochi noti in dialetto antico, relativo all'inaugurazione del Rifugio Monte Leone, ho identificato 18 parole di gergo (su 340), identificate dal corsivo, miste al dialetto.

Il mio rammarico è di non averlo registrato, letto dalla voce di Piero Piretti, ex sindaco di Varzo, fine dicitore, prematuramente scomparso.

All' Alp d'Veja, Comuna da Varsc, ai 17 d'Aost 1884.

**All'Alp d'Veja, Comuna da Varsc, ai 17 d'Aost 1884**.

Discors,

Facc dalla Società Alpina Dverona in occasion d'l'inaugurazion d'la *croeugia* nova, essend present Gabriel Alasa, Carlin Bon, Sgvuanin Ciaramel de Gravona, Salmin coud Sgian (Comolo) ul medi Sgiuaun da Castel, e ul majestar Sgiaun cu dalla Ronsgia, sozi fondatur.

Cier Amis,

La Contentezza da veggia quansi dran da noi, e insema a noi, si bela et brava sgent l'am stuppa la vos in tul canareuzz, ma, fajentan un sfoeurz, a trovi inco un po d'couragg par ringraziaf da si stecc si bref d'augni a stu piscin arscinoun.

Ul but prinzipal d'avè drizzouw su sta *croeugia* à l'è coul da de un po d'allogg a quij cuj pias da ne via *tavannantan* su paj j Alp, riscè la *pliscia* su paj giasce e pati ul frecc e la bajorda; quand quij povar *majareutt* y gnuirann stenc com esin, y troverann almanc un sit arparouw par pse cambias la *landrina*, fas sciuè i *boeudas* e argiaulas la *mandozla*. Quij povrà *mastrensc* ca l'an ul mulin inciauzouw, e quel povar *gret* chi stantin a veggia la luna rossa, o chi y n'an mi ul bonor da pse avè ares, au leuj da ne via *zaronnantan* da una madona a l'auta e frejas ul mitar su paij sess miracoloeus cercantan grazi, chi suppijn ca la *leiza* minerala, ca jem quansi aproeuf, la porrà arciaplaj su da cap a pej e faj avè ares *asbac*.

A n'em mi gnanca montouw su sta baita par uagnè *boor*, ma a l'em facc par feè *zuffè* quaij sovl alla povra sgent, e ausi par fe veggia c'ouss po autant begn strozzè e divertis su pall nost montagn, ca su par quell d'la *Toescia*, e par fe un po d' progress in tul noeust *croeus*.

A ringraziemm tant quij d'ul Club Alpin Talian d'ul generos concors, ca l'an prestouw alla nosta bona voeuja. Aw proponium par conseguent d'auzè su una vota ul gumbul alla salut d'l'Italia, d'ul noeust *lapaget* e d'la sua brava e graziosa *greta* Margarita. Ewiva! Ewiva!

## Traduzione in italiano

All'Alpe Veglia, comune di Varzo, il 17 agosto 1884.

Discorso, fatto dalla Società Alpina Varzese in occasione dell'inaugurazione del nuovo rifugio, presenti Gabriele Allasa, Carlino Bono, Giovannino Ciaramel di Gravona, Salmin quello del Giovanni (Comolo), il medico Giovanni di Castello e il maestro Giovanni, quello della Ronsgia, soci fondatori.

Cari amici,

il piacere di vederci qui tra di noi, e insieme a noi così bella e brava gente, mi ha bloccato la voce in gola, ma facendo uno sforzo, trovo ora un po' di coraggio per ringraziarvi di essere stati così bravi di venire a questa piccola riunione.

Lo scopo principale di aver tirato su questa casa, è quello di dare un po' di alloggio a quelli ai quali piace andare a bighellonare sulle Alpi, rischiare la pelle sui ghiacciai e patire il freddo e la tormenta; quando quelle povere maschere arriveranno stanchi come asini, troveranno almeno un posto riparato per potersi cambiare la camicia, farsi asciugare le scarpe, e arrotolarsi i pantaloni (1). Quei poveri malati che hanno il mulino bloccato (2), e quel povero marito che fa fatica a veder la luna rossa (3), o che non hanno la fortuna di poter avere bambini, invece di andare a passeggiare da una madonna all'altra, e fregarsi il sedere sui sassi miracolosi cercando grazie (4), che sappiano che l'acqua minerale, che abbiamo quasi vicino, potrà rimetterli in sesto da capo a piedi di nuovo, e fargli avere abbastanza figli. Non abbiamo tirato su questa baita per guadagnare dei soldi, ma l'abbiamo fatto per far guadagnare qualche soldo alla povera gente, e anche per far vedere che ci si può tanto bene divertirsi su per le nostre montagne, come per quelle della Svizzera, e per fare un po' di progressi nel nostro dialetto.

Ringraziamo tanto quelli del Club Alpino Italiano per il concorso generoso, che hanno prestato alla nostra buona voglia.

Proponiamo perciò di alzare una volta il gomito alla salute d'Italia, del nostro re, e della sua graziosa sposa Margherita.Evviva.

1) ora organo sessuale femminile

2) per donna sterile

3) far l'amore

4) esistevano gli "squarater" o "sassi della fertilità "

## Dialogo delle comari

Dialogo fra le comari "Megna cou d'Giabusin" e "Sinforosa Piacianusc"

Riportato su OSC, alla quale si rimanda per la traduzione. Trascritto da un manoscritto, dialogo recitato nel Carnevale del 1899 dalle signore Carlotta Bono e Fanny Protti:

Megna: Bondì cmar, che miracul da vegiaw sgiù da qua in su la smana; cuu iif d' neuf su da la Balmela?

Sinforosa: Ajem la *fanzela* un po' malavia, a som augnua sgiù a to un po' d'micia par fa pancoeucc.

... lavai la *zaffa* con acqua e asè ...

... a l'an be psu passe fo dul *patin* ...

... torna beva *leiza* fresca ...

# Storiella

Raccontata da Irene Salina nel novembre 2004. Il succo del racconto è il seguente, anche se ogni volta è raccontato in maniera diversa, più breve o più lungo, con minori o maggiori dettagli, a seconda dell'uditorio.

Quattro bontemponi vanno in un albergo di Losanna, e chiedono al cameriere di portare *strubi, stafèl, scuaret e un zavat d' scabi*. Egli pensa siano stranieri, e chiama altri che non capiscono.

I nostri si alzano e dicono: *futam ul runzin*, che si muore di *geuzza*.

Segue il testo gentilmente fornito da Piero Frattoni, nipote di Gervasio Salina.

Agli inizi del 1900 mio padre Gervasio era a Losanna, in Svizzera, in compagnia di due amici di Coggia. Era l'ora del pranzo, avevano fame e, sostando davanti al più famoso ed elegante albergo di Losanna, decidono di entrare nel ristorante dell'albergo ... non per pranzare, bensì per fare una burla! I tre amici si siedono ad un tavolo già apparecchiato, stendono il tovagliolo sul grembo e un attimo dopo arriva il cameriere, in livrea, che, in francese, chiede ai tre clienti cosa desiderano ordinare.

Gervasio gli risponde: "A yim geuza, aulém un sücc d' bioscia, un spizzun d' strubi, un tocc d' stafél e un zavátt d' scabi". *

Il cameriere, disorientato, chiama, con un gesto della mano, un collega e questo chiede ai tre, in tedesco, cosa desiderano ordinare.

Gervasio ripete: "A yim geuza, aulém un sücc d' bioscia, un spizzun d' strubi, un tocc d' stafél e un zavátt d' scabi".

Il cameriere, scuotendo la testa, chiama allora un terzo collega, uno che sa parlare l'inglese, e anche lui rivolge a questi tre clienti la stessa domanda.

Gervasio: "A yim geuza, aulém un sücc d' bioscia, un spizzun d' strubi, un tocc d' stafél e un zavátt d' scabi".

I tre camerieri, rassegnati, si guardano a vicenda scuotendo la testa ... allora Gervasio si alza da tavola e, col viso imbronciato, rivolto agli amici dice: "A le mei ca futèma ul runzígn, sadanü a crepém d'la geuza!"**, poi, dopo aver buttato il tovagliolo sul tavolo, fingendosi arrabbiati, i tre amici escono dal ristorante e, ridendo sotto i baffi, si dirigono verso una modesta trattoria nelle vicinanze per pranzare!

---

 *) Siamo affamati, vorremmo una bistecca di carne, un pezzo di pane, un pezzo di formaggio e un bicchiere di vino.
**) Sarà meglio che ce ne andiamo, altrimenti qui moriamo di fame!

## Lettera familiare di Gino Rossetti (1920-1958)

Scritta alla madre nel 1940, quando faceva il militare a Bussolegno, raro esempio di lettera familiare tutta in dialetto, con grafia fonetica, tre pagine nelle quali si interessa delle faccende di casa, su tre pagine solo la parola areii:

Riporto la trascrizione diplomatica, senza la forma interpretativa, perchè mi sembra molto intelligibile, con l'accorgimento che una persona ascolti senza vedere il testo ed essere disturbato dalla grafia, mentre un'altra lo legge esattamente come è scritto. Come dice il testo " su capimi mia tut, af scrivarò in Italian, ma uilì bè capì, va!"

La grafia non segue forme specialistiche standardizzate, da dialettologo, quindi il testo va letto come in italiano, con qualche accorgimento riportato in fondo. Giorgio Rossetti aveva fatto la quinta elementare, presumibilmente scriveva correttamente in Italiano, la sua grafia rappresentava quindi il modo di scrivere che riteneva opportuno per farsi comprendere da una persona che ovviamente era padrona del dialetto.

Non tutte le parole tronche hanno indicato l'accento ("cia" si pronuncia con l'accento tonico sulla a, similmente "lunasdi" con l'accento sulla i).

Busolegn 30-1-41 A XIX

Oi da cia qu fef? / Avegni qum al solit buciarì, tant par fe / pasè un pol temp, avò scric lunasdi speri che / uiavrì ricevù no? Mi asum quà sempar / al solit post, a continui a fè ul solit lavor, / e asum giusta augnù ista dal servizi, e aiò duvù qunsè tut una tascia dul pastragn, che / alò

strascia in tuna maneta dlusc, a. a. / che barba su fis a esa
a cià, quisti lavor / i sresin mia par mi è? insuma fign
che / asim quà a farem tut cusa ui vol. / Alura qum i van
sti puntur? ui mumenti / finiì? ustei pusè begn? Iumin i
van a laure? / Mandei po' subit a laurè in ca Geni pal vost
/ spirat, che insì u turnei po arcada è ? / Ciuref par begn e
pensei mia tanci cos. / Mi estai be begn, ma aiò mi, e tut
ieut // una sfugaziugn par la vita, tut piegn at / brusciulit,
che noia chin dan! L'aut dì aiò / bè tlec una grosa purga,
credentan che laures po' fam tant begn, invece lamà propi
/ fac ma ciaiè, a. a. a . ... / A marcares bè visita ma aiò
poria, che / pos da perda ul post, ma se avegi che i / pasin
mia! avoi si ubligou e po' cla vaia / qum la vol, prima di
tut uiè la pliscia no ? / Ul temp quà afè senpar balort
parec, o chù / fioca, o chu baiorda, o la nebia basa che
squas / us vec gnianca dua usvà, ma quant usrà / po' stufi
da fe brut, uignirà in cal bel no? / e quant isran stufi da
tegnam quà in / mandaran a cià ? chisà? / Oò! unauta cosa
che minteresa inca. quiì / sool ca feva dic da ne in
qumuna a / toi, par quiì di ca a sum stac a cià / u si nec ??
i fian dec ?? femul savè che / alin hui in ca par noi, alin
72 franc, se // i pain tut 12 dì, sadanù i duuresin esa 60 /
insuma bui in ca lor no? / A! Mama uili incò tut i meis col
libretign / dla Gesa at Vars, chu parla at tut i buciarì / dul
mes, e calè fign scric un po' indverugn? / Uilì inment? alè
col intitulou Bolettino della / Parocchia di Varzo
disegnato da Remi Paggi. / Ebè suili mandemul che aiò la
curiosità / da vegia un po' du quel stori, chredi che / um
farì quest piasè no? / Ades a ! pianti indò, parchè asum bè
sicur / chu si scià belà che stufi a lenscia questi / buciarì,
e su capimi mia tut, af scrivarò / in Italian, ma uili bè capi
va! E scrivì / svenz sadanù avegni balort mi quansì / astai
alegar ma quant aricevi posta / Ista a pianti propi indò / af

saludi tuti propi com tut ul cor / af mandi un munt at bascit / Vost areei Gino / ciau stei begn e scrivì //

Qualche nota:

buciarì = stupidate

qunsè = cucire

leggere "s" davanti a consonante, o in finale di parola, ", o anche in "subit", come "sh"

leggere "c" finale come "leccio"

svenz = sovente

u si nec = dove siete andati

Geni era il fratello Eugenio, guardia comunale a Varzo

spirat = giudizio

alin bui = sono buoni

suilì = se volete

areei = figlio

qualche "u", non indicata con segni particolari, va pronunciata con la dieresi, come diceva il Savaglio nel suo "Dvarun" del 1911, " Ü con due punti sopra si pronuncia come in tedesco che non si pronunzia in italiano, ma poco presso come dicono i carrettieri ai loro cavalli per farli andare: ü".

Esempi di parole agglutinate:

uiavrì = ui avrì
Iumin = i umin
lamà = la m'ha
calè = ca l'è

# VOCABOLARIO

*Ul vecc d'verun*

# Vocabolario

Per le abbreviazioni in tre lettere maiuscole delle fonti, vedi sopra, V indica l'uso ancora attuale, l'iniziale maiuscola indica attestazione nel Savaglio. Il grassetto indica la presenza nel "discorso". La coincidenza frequente del Contini e del D'Avino è dovuta al fatto che quest'ultimo è stato uno dei 5 intervistati dal Contini.

Per la corretta trascrizione fonologica, si rimanda al Contini, tenendo comunque presente la seguente avvertenza del Gysling nel 1929: "la trascrizione più precisa è una mera finzione, che crolla davanti alle variazioni multiformi della lingua vivente. Il supporre una mezza dozzina di a in una trascrizione non deve illuderci. L'a non solo differisce tra paese e paese, ma anche da persona e persona. E ancora la stessa persona, senza ragione apparente, può pronunciarla in un modo in un altro. Un suono non è un blocco di marmo che sempre e dappertutto è della stessa omogeneità. Il suono è un Proteo che a ogni istigazione si piega o si rialza.", Fritz GYSLING, *Dialetto della val Anzasca*, Firenze 1929, pag. 94.

Sono andato invano alla ricerca degli appunti originari del Contini, per capire il contributo dei singoli informatori: in mancanza si può comunque dedurre, che quelli del D'Avino siano quelli riportati in seguito nei suoi appunti manoscritti, e quelli del Mazzurri siano quelli riportati nella tesi della Fenizi.

*Ul vecc d'verun*

Affarr      sporco SAV
Alass       miseria SAV
alba        acqua con latte DAV
anjei       bambino CON, IRE, MAZ
Areii       ragazzo V SAV, QUA
arbik       asino CON, FEN
Arulovv     cattivo umore SAV
Arsiov      sete SAV, VSI (Isone "ars",
arso dalla sete)
artis (N0) vendere CON, VSI ("artush")
arzibec     prete CON (forse da
arzipret), IRE
**Asback**(N1) abbastanza SAV, VSI (parte
occidentale Svizzera It)
Attan (N2) padre V SAV, DAV, VSI
("ata" Varzo, Trasquera), CIC(tan),QUA
Auniscia    argento V (ontano) SAV,
DAV, CON (da auna, antica misura =
1,20m),IRE, FEN

Bajetta     soldato SAV, DAV, CON, IRE,
VSI ("baieta"), FEN
Balott(N3) patate SAV, DAV, CON, IRE,
VSI ("balota"), FEN
barbutè(N4)rubacchiare CON, IRE, FEN
barlafi     fabbro CON, IRE, VSI
("barlaff", svogliato, pasticcione) ,
FEN
barlozza    piombo CON, IRE, FEN
barsakè     chiaccherare CON, VSI
("barsacch", tasca) , FEN
Baudreuch   padrone SAV, CON, IRE, DAV
(baudrocc), SVI("bau", stolto) , FEN

Baudreggia padrona SAV
Barlocca     pazzo V SAV, VSI
("barloca", batacchio, e traslato:
sciocco)
Barteul     diavolo SAV, DAV
Bazuffia     minestra V SAV, DAV, CON,
IRE, FER (brodaglia), ALV, FEN
Barleffi(N5)labbra SAV, SVI
("barleff")
bec          indigeno CON, IRE, FEN
Bella laffa poca cosa SAV
Bettla       osteria SAV, CON, IRE, VSI
("bètola"), MAZ (Italiano: bettola)
betlan       oste CON
Beutcia      ventre SAV, CON, IRE, FEN
**Beudass**     scarpe SAV, DAV, CON (dal
Vallesano), IRE, FEN
bianchin     latte CON, FER, FEN
bilachitt    fichi DAV, CON, IRE
Bintcetta    marsina SAV, DAV, CON, IRE,
VSI, MAZ ("biancheta", giubba)
Bintcial     soffitta V SAV
Bioscia      carne V SAV, DAV, CON, IRE,
FEN
Biosciat     macellaio SAV, CON, IRE
Biott        burro SAV, DAV, CON, forse
da butirro, IRE, FEN
blezza       mercanzia CON, FEN
blina        donna di malaffare CON
(propriamente razza di vacche), IRE,
ID 8.202, FEN
Bozè         lavorare SAV
Bolla        città SAV, CON (antica
lengua zerga), FER, FEN

**Borr**, boro moneta di rame SAV, DAV, CON, IRE, FER (soldo), VSI ("bor"), FEN
bougia     ventre DAV
Bragoll     castagne SAV, DAV, CON, FEN
Brodi     sporco SAV, DAV
brogia     casa DAV
brungo     rosso di volto CON
bsela     lira DAV, FEN
Bugett     mentitore SAV
Bun a loii     buon mercato SAV
büriol     vescovo DAV, CON
Büsul     tabacco SAV, DAV
Buch, bücc     goffo, sciocco SAV, DAV
Brusett     caffè SAV, DAV, CON, IRE, FEN
burdona     Savoia CON, FEN
Burieul     cappello SAV, CON
burlanda     dogana CON (voce di contrabbandieri), IRE, FER, FEN
burlandot     doganiere CON, IRE
Burlun     pietra SAV, CON (anche in val Anzasca), IRE, MAZ
burnì     picchiare CON, IRE
buzet     finto petto di camicia CON, IRE, MAZ (letteralmente bugiardo)
buzzun     lavoro CON, IRE, MUZ
Bzella     una lira SAV, DAV, CON

Caciuffa     polenta SAV, CON, IRE, FEN
cafar     guardia CON, IRE, FER (cafarnao = prigione), FEN
Caffi     prete SAV, DAV, CON (notissimo ad altri gerghi), IRE, ALV,

FEN
cafun        faccia CON, IRE
Caga ruff    pauroso SAV, DAV
cairun       malvestito DAV
calus        la pelle CON, IRE
Camurra      prigione SAV, CON, IRE, FEN
Canal        deretano SAV, DAV
Caret        bonza (botte) SAV, DAV
carlet       soldo CON, FER, FEN
carpì        rubare CON, IRE, FER, MAZ
cavigun      servitore CON, IRE, FEN
chili        gambe DAV, CON, FEN
ciarin(N7)   lucciola DAV
Cifotta      birra SAV, DAV, CON (anche
assenzio), IRE, ALV, FEN
Ciopa anda paga SAV
Ciajor(N14)cesso V SAV, DAV, QUA
Ciaffar      guardia forestale SAV, DAV,
IRE
Ciaviggia    serva SAV, DAV,
CON(caviglia)
Ciapun       scodella SAV, DAV, IRE
ciaputina    giovane tedesca DAV
Cigè         cucchiaio V SAV, QUA
Ciorgna      pipa SAV, DAV, CON, IRE
Crapa        testa V SAV, DAV,
CON(bottiglia), IRE
crapugera    talpa DAV
cravasai     fagiuoli DAV, CON
Creuff       vecchio V SAV, DAV, CON,
IRE, FEN
**Creuggia**  casa SAV, CON, FER (crügia,
spazzacamini di Intragna) , FEN
**Creuss**    parlar dialetto SAV, DAV,

CON, FEN
crima           credito CON, FEN
Croffa          vecchia SAV, DAV
cüfè            bruciare CON, IRE
cupè            pagare CON
curnal          pipata CON, IRE
curnè           fumare la pipa CON, IRE
curtel          stagnaio CON, IRE, FEN

Da albuchs fa attenzione SAV
Darneutz        schiena SAV, DAV, CON, IRE,
FEN
drek            stronzo CON (germanico) ,
FEN

Eurch           goffo SAV

Fanzella        ragazza V SAV, OSC
farlosca        latta CON, FEN
Farlustciatt lattaio (ma lattoniere)
SAV, DAV, CON, FEN
Fauscett        francese V(falcetto) SAV,
DAV, CON, IRE, FEN
fauscia         Francia DAV, CON, FEN
Fiutlan         mentitore (o cantastorie)
SAV, DAV, CON (frottola), IRE, FEN
Fluck           polenta SAV, DAV, CON, IRE,
FEN
Fosct           matto SAV, CON, IRE, MAZ
Fratt           bello, buono SAV, DAV, IRE,
FEN
Fratta          bella, buona SAV, CON
Futam ul runzign vattene via SAV, IRE
Fufa            pauroso V SAV, CON, IRE,
MAZ

Fuffa        tabacco da naso SAV
Fufatt       pauroso V SAV, CON, IRE
furfì        rubare CON, IRE, FEN
Furfiorr     ladro SAV, CON, FEN

gamasa       puttana CON, IRE
Ganassa      ciarlone SAV
garges       pantaloni CON
Garolf       gatto SAV, DAV, CON (lingua
zerga), FER (da loup garou) , FEN
Garolff      straniero SAV
garsunet     pranzo CON, FEN
gat          indigeno CON, IRE, FEN
Geuzza       fame V SAV, DAV, CON, IRE,
SAL, FEN
Giasciun     bicchiere SAV, DAV, CON,
FEN
Giatt        vicino SAV
Giozza       guancia V SAV
Giuzz        furbo SAV
grataputafi  segretario DAV
gratè        rubare CON, IRE, FER
Greffa       escremento SAV, DAV, CON,
IRE
grepell      mani DAV, FER (grettine)
**Greta**    moglie SAV, DAV, CON, IRE,
FEN
greta scuciàa donna grassa DAV
Grim         debiti SAV, DAV
gripa        carabiniere CON, IRE, FER
(dal francese gripper) , FEN
Grului       scarpe SAV, DAV, CON

iacam        (pomo), deretano DAV, CON,
IRE, FEN

inglet      inglese CON
intascè     capire DAV

Jock        forte SAV, CON, FEN

lafa        pacottiglia CON, IRE
lama        puttana SAV, DAV
**Landrina** camicia SAV, DAV, CON, IRE
Lanfazza    mala lingua V SAV, DAV
Lapa (N12) bere SAV, DAV, CON, IRE,
MAZ
**Lapagett** re SAV, DAV, CON, IRE, FEN
**Leiiza**   acqua SAV, DAV, CON, IRE,
FER (slenza), ALV (leiza), OSC, FEN
Loi         capire FEN
Lostcia     guarda, sguardo SAV, DAV,
CON , MAZ
Lostcior    cannocchiale SAV, CON
lozza       sterco CON, IRE
lufa (N8)   paura CON, IRE
lunghè      collo DAV, CON, FEN
lunk        fieno CON, FEN
luscafiun   medico CON (lett. guarda
orina), FEN
lusnitt     occhi SAV, DAV

**Maiareuth** maschera, fantoccio SAV, DAV
majarota    cerca per Natale DAV
**Malstranch** indisposto V SAV
**Mandozla** pantaloni SAV, DAV, CON (ora
organo genitale femminile), IRE, FEN
marmota     bisaccia CON, FEN
marsch      sindaco DAV, CON, FEN
Mazuceii    maritati SAV, DAV, CON
mazuciàss   infreddarsi DAV

Mazza       testa SAV, DAV, CON, IRE
miosat      cappello floscio CON
**Mitar**   culo SAV, DAV, CON, IRE, FEN
Mosciui     seno, mammelle SAV, DAV,
FER (mostose)
muf         asino CON, IRE
murchì      mangiare CON
muscat      barbiere CON, FEN
muscoza     barba CON

Nei in bonora addio SAV

Offi        fare il furbo SAV, DAV
orch        goffo DAV, CON
(impropriamente: oro), IRE (Trasquera)
, FEN
Orleuri     orologio SAV, DAV
os da mort zucchero CON (solo dai
contrabbandieri), IRE

Pala        cucchiaio SAV, DAV, CON,
IRE, FER (iperbole dei camorristi),
FEN
Palatin     stagnatore SAV, DAV, CON
(calderaio ambulante)
Pataffi     carte SAV, DAV, CON, IRE,
FEN
patarui     stracci CON, IRE, FEN
Patign      letto SAV, DAV, OSC
Patinè      dormire SAV, DAV
Paiartoss   poltrone SAV, DAV
pedra       donna di malaffare CON,
FER(gergo di Varzo, da Prati, voci di
gerganti), FEN
Peltar      moneta d'argento SAV

Peltratt    stagnaio SAV
Pes da Trasquera manza, vitello SAV
piafa       fame CON, FEN
Piazzola    messa SAV, CON (chiesa),
FEN
piciotabosc picchio DAV
Pitun       povero SAV, CON (pitocco),
IRE, MAZ
**pliscia**    pelle DAV
Plozza      donna di cattiva condotta V
SAV, DAV, CON, IRE
Plozz       castagne cotte SAV, DAV,
IRE
Plufar(N13)tedesco SAV, DAV, CON, FEN
por         calcio CON
portagota   saldatura CON
Putli       piangere SAV, CON, IRE, MAZ
Pozz        mare SAV, DAV, CON, IRE,
FEN
puf         deretano CON, IRE, MAZ
Pzineul     cane V (uomo che va a
donne) SAV, DAV, CON, IRE, FEN

rastlina    uva DAV, CON, FEN
Reuzz       cavallo SAV, DAV, CON, FEN
(Ross in tedesco)
rüf         fuoco CON, IRE, FER (ruffo,
antico furbesco), dal '400), FEN
runzin      vattene CON, IRE
Rüzett      carabinieri SAV, DAV, CON,
FEN

Sbarti      fondere metalli SAV, DAV,
CON (crepare), FEN
Sblinder    capelli SAV, DAV, CON, IRE

Scabi (N6) vino SAV, DAV, CON, IRE,
ALV, FER (scabio, a furbesco),SAL,FEN
Scabiè       bere SAV, CON, IRE, FEN
scaia        signora DAV, CON, ALV, FEN
scanka       donna di malaffare CON
Scanna       sarto SAV
scanatibas(N15)sarto DAV, CON, IRE,
FEN
scanza       pietà CON, FEN
Scapitola    bottega SAV, DAV, CON, FEN
scarfunè     ridere DAV
Sceuzz       piedi SAV
Sciozza      donna sporca V (orina di
vacca) SAV
scira        calzolaio CON, FEN
Schiio       pagare SAV, CON, IRE
Scajun       riccone V (sasso)SAV, DAV,
CON, ALV
Schilera     credenza SAV
sciozz       piedi SAV, DAV, CON, IRE,
FEN
scucou       grasso CON
scuita       schizzinosa FEN
scruzè       parlare in gergo CON
scuaret      burro CON, IRE, FEN
Scuriat      frusta SAV, lombardo
Sfiongè      orinare SAV, DAV, CON, IRE,
FEN
Sfottoria   levatrice SAV, DAV
Sgarattè(N9)sottrarre SAV, CON
(scivolare), IRE, FEN (squarè)
sgarialeiza farmacista DAV, CON, IRE,
FEN
sgransì      rubare CON (in lingua

gerga), IRE, FER (sgrancire), FEN
Sgueuzza    fame V SAV
Sgiaii      irritare SAV
Sghinga     escremento SAV, DAV
siancia     donna leggera DAV
slaizè      piovere a rovescio CON
Slimbar     ubriaco V SAV, DAV, CON,
IRE, FEN
Sleca       saldatura SAV, DAV, CON,
FEN
Sleiizza    birra SAV, DAV
slobar      tedesco CON, IRE
snapa       acquavite CON (dal
tedesco), IRE, FEN
snof        tabacco CON (dal tedesco),
FEN
Squitta     donna di città V SAV, DAV,
CON, IRE (escrementi gallina)
Stafel      formaggio V SAV, DAV, CON,
IRE, ALV (staffèl), SAL, FEN
Staflè      capire, parlare FEN
Stagn       duro SAV
Stamegna    vetro di carta SAV
stameng     cartelle di valori DAV
stamuzzat   stagnaio CON, FEN
Stanza grola attenzione a parlare SAV,
DAV
stanziè     parlare CON, FEN
Stcialitt   centesimi SAV, CON (scalet)
staflè      capire CON
Stark       ricco SAV, DAV, CON, FEN
Stcianca    donna allegra SAV
Stciansgia  far pietà SAV
Strübi      pane V SAV, DAV, CON, IRE,

ALV, FEN
| | |
|---|---|
| Stüfile | dormire SAV, DAV, CON, FEN |
| süc | grosso pezzo CON, IRE, FEN |
| Sücia | sigaro SAV, DAV |
| sursiit | pesche DAV, CON |

| | |
|---|---|
| tabarota | barchetta per bere CON, FEN |
| taboi | cane CON, IRE |
| Tafüla | polenta SAV (tafiula), CON, IRE, FEN |
| takar | bastone CON, IRE, FEN |
| Tartissor | cesso SAV, CON, IRE, FEN |
| **Tavanantan** | bighellonare SAV, CON, IRE, FER (tovajan), MAZ |
| Tavarita o taravita | goffo, sciocco SAV, DAV, CON, FEN |
| Teja | posatore SAV |
| tevi | caro CON, IRE, FEN |
| Tìbas | pidocchio SAV, CON, IRE, FEN |
| tintek o toka | cerca CON, FEN |
| Torfa | sale SAV, DAV, CON, FEN |
| Tciül da terra | donna ricca V SAV, DAV |
| Tciurtel | peltraio SAV |
| Tciüffovv | scottato SAV |
| Tmaginat | commesso viaggiatore SAV, CON, IRE, FEN |
| torta | strada CON, FEN |
| tripian | cilindro CON |
| trusca | cerca CON, FEN |
| tsafa | bocca DAV |
| tsafiutè | balbettare DAV, MAZ |
| **tuesca**(N11) | Svizzera CON, IRE, FEN |
| tuf | fucile CON, IRE, FER |

(tufa), FEN
tulet       soldo CON, FEN
turfosa     insalata DAV

Valer       colpi SAV
varlera     schiaffo CON
Velsch (veisc) ubbriaco SAV, DAV, CON

Zaclè       mangiare V SAV, CON, IRE,
DAV (tzcaclè), FEN
Zaffa(N10) bocca SAV, CON, IRE, OSC,
FEN
zafè        mangiare di nascosto CON,
IRE
zafiun      mangione CON, IRE
zafiot      castagne piccole DAV, IRE
(solo pelle)
Zaffiottè  brontolare SAV, CON, IRE
zarei       coglioni DAV
**Zaronn**    passeggiare senza motivo
SAV, CON, IRE, MAZ
zava        forfora DAV
zavat       bicchiere CON, IRE
Züciar      zucchero SAV
Züccul     cioccolato SAV, DAV, CON
**Züffè**     guadagnare SAV, CON, FEN
zulcet      testa CON
zuruk       zucchero CON, FEN

N0 VSI "artüsh" mestiere, gergo dei magnani valcollesi (derivato da arte), O. Keller, *Die Geheimsprache der wandernen Kesselflicker der val Colla*, 62, ID 8.201 gergo varzese, "bata l'artis" " industriarsi a vendere "

N1 "asbacch" nel VSI, con tutte le sue varianti. Per Varzo, Salvioni, "Studi di filologia Romanza" 8.6 . Etimologia proposta: "a spacco", ossia "averne da spaccarla" o "da scialare".

N2 "attan" dal germanico attane, forma dell'accusativo di atte "padre" ( da M. Cortelazzo- C. Marcato, *Dizionario etimologico dei dialetti italiani*, Milano, Garzanti, 20002 ). Non può essere considerato gergo, ma dialettale di origine. È documentato anche da Silvano Ragozza, La parlata dialettale di Montecrestese, Oscellana, XXXIII n.2, Apr-giu 2003, pag 123, ... interessante repertorio lessicale, non solo per la ricchezza di arcaismi, ma anche per le originali trasformazioni degli etimi. (cfr. pugliese *attàne* "padre", turco *Ata-turk* "padre dei turchi"). Irene Salina ricorda *attan* e *muma* per padre e madre. In QUA vocabolo 31, padre, è presentato senza alternative, mentre per Domodossola lo stesso informatore dà "pa", cosciente della differenza. Attualmente solo pochissimi a Varzo ricordano il vocabolo, ma quelli che lo ricordano lo considerano normale. Altri anche 70enni, non lo hanno mai sentito.

N 3 "balota" pallottola. E vedi l'italiano ballotta = pallottola, specialmente quella usata un tempo nelle assemblee per dare il voto; donde ancora oggi "ballottaggio" = seconda votazione. A Cimadera (Canton Ticino) : mètt giò balötor, piantar patate. E "ball"(Malvaglia - Canton Ticino) e "balota" A (Olivine, Cimadera - Canton Ticino) significa patata, patata piccola (forse per analogia con le "ballotte" italiane e dialettali "castagne lessate". Vedi il *Lessico dialettale della CH It.*

N4 Gergo francese: barboter. Che per traslato significa "darsi ad azioni disoneste" (da "barbe" per "parlare oscuramente", cioè dentro alla barba per l'appunto, ma in modo interessato, forma probabilmente incrociata con "bourbe" che significa "fango"; donde l'applicazione negativa all'agire malintenzionato).

N5 Base germanica. VSI: dal longob. leffeur. Rafforzato con "bar". A Varallo, "barlefio" grosso labbro. Vedi G.BERTONI, *Italia dialettale*, 1916, p 11

N6 "scabi", "vino" di vasta diffusione, è ora e forse anche allora parte del dialetto. Piero PIRETTI (classe 1933) nel suo intervento su "EcoRisveglio" del 29/1/2004 pag. 25: ancora oggi a Varzo si usa dire scherzosamente "Far piascè, dam un zavàt at scabi"("Per piacere, dammi un bicchiere di vino"). E nel dirlo la persona segna la sua appartenenza al tronco indigeno della comunità: dunque gergo. Per l'origine di scabi vedi sotto.

N7 "scerin" "lucciola". Direttamente da chiaro=ciar, cero o scer in val Anzasca, alla lettera: "chiarino", nel vocabolarietto ms del fisico Giuseppe Belli da Cal., precedente il 1849, riportato integralmente sul GYSLING, *Dialetto della val Anzasca*, 1929, pag. 96 e seg.

N8 "luffa" "paura", nel vocabolarietto ms del fisico Giuseppe Belli da Cal., precedente il 1849, riportato integralmente sul GYSLING, *Dialetto della val Anzasca*, 1929, pag 96 e seg. (forse da collegare con luf=lupo, animale che incute paura)

N9 "sguarrà" "sdrucciolare", Calasca Antica, foglio volante a Domo, 1914, e B. BIONDELLI, *Saggio sui dialetti gallo-italici*, 1853. GYSLING 184. "Squariguria" luogo dove i ragazzi vanno a sdrucciolare, Tonetti 290. Nell'estate 2004, nel sentiero che va da Montescheno a Aulamia (val Antrona), in un tratto pericoloso c'era un cartello scritto a mano "attenzione a squarare". V *LESSICO* sotto squarà.

N10 "zaffa" boccaccia, Belli, vedi sopra. Perchè *zaf* vale "taglio", dunque *zafa* può valere e vale gergalmente "bocca" o anche "vulva", il che spiegherebbe anche meglio lo spregiativo "boccaccia". Zafa=bocca è documentata nel *Lessico dialettale della CH It* in varie località col significato di "bocca " e "boccaccia".

N11 tuesca per "svizzera" forse da la tedesca = la tudesca > la tuesca. Probabilmente Deutsch->Tisch->Teusca. Vedi "twosk" tedeschi , in GYSLING 134.

N12 "lapa" "leccare" come It. "lappare", "lapagun" ghiottone, GYSLING 175. Qui il processo di gergalizzazione è chiaro.

N13 "plufar" "Tedeschi", nome per ispregio, GYSLING 180, TONETTI, *Dialetto della Val Sesia*, 1894, 239. Il Ferrero la dice "voce scherzosa" nei dialetti settentrionali (scherzosa, perchè designa il tedesco imitando o, per dir meglio, cercando di imitare una sua parola).

N14 "ciaior" (alla lettera: "caccatoio"). Dalla nota per trascrizione vol. 135 n. 1147 del Notaio Giovanni Jussi, 30 aprile 1931, 6) Campo prato al Ciaiaro di are una.

N15 da scanna tìbas, perchè i sarti, quando rivoltavano le giacche, trovavano spesso pidocchi nelle pieghe.

*Ul vecc d'verun*

# Gergo vs dialetto

Una domanda ricorre, scorrendo questi documenti, e ascoltando il dialetto attuale di Varzo: è mai esistito un gergo così come si intende oggi; e se la risposta fosse affermativa, ci si chiede: è il dialetto che ha assimilato il gergo, o è il gergo che ha preso e trasformato parole del dialetto comune?

Un ausilio alla soluzione, viene dall'esame del *Quaderno fonetico n. 105*, conservato al Centro di Dialettologia di Bellinzona, e ivi consultabile. Consiste in un elenco di 457 termini, scelti appropriatamente (vecchio, letto, tetto, petto, pettine), con la traduzione e pronunzia nel dialetto di Domodossola e Varzo (esiste la colonna Trasquera, ma non è riempita). Senza data, ma approssimativamente all'inizio del 1900. Informatore era Giovanni Cerutti, nato a Domodossola nel 1855, e ivi sempre vissuto.

Una verifica nel 2004 con un dialettofono mostra che la quasi totalità delle parole sono le stesse, e si pronunciano nello stesso modo.

Pochissime parole ricadono o ricorrono nell'elenco del gergo riportato sopra, tranne:

```
 31 padre      atan
 47 talpa      trapusera
 63 cucchiajo  cigè
 83 cacare     ciaiè
155 scodella   ciapun
257 figliolo   arei, ares
```

Le seguenti differiscono invece in tutto e per tutto dal gergo (guardare comunque quelle che Irene Salina conosce):

```
  5 sale      sal     torfa
 12 casa      cià     brogia
 24 strada    veia    torta
 26 asino     asin    arbik
 58 piangere  piansi  putli
 77 cane      can     pzineul
100 mangiare  mangè   murchì
103 pagare    paiè    cupè
120 latte     lac     bianchin
132 cavallo   caval   reuzz
139 fieno     fen     lunk
147 pietra    sas     burlun
165 testa     testa   crapa
171 vecchio   vec     creuff
190 bere      bev     lapa
240 vicino    ausin   giatt
241 vino      vin     scabi
244 camicia   camisa  landrina
263 fuoco     foi     ruf
268 paura     porua   lufa
275 pidocchio pioc    tibas
285 collo     col     lunghè
290 forte     fort    jock
310 prigione  prasun  camurra
320 piombo    piump   barluzza
331 sporco    sozza   affarr
347 culo      cul     mitar
368 povero    povar   pitun
```

## C

# Considerazioni

Come si può definire un gergo?

..... La parola Gergo designa tecnicamente una lingua speciale, più o meno segreta, elaborata-parlata-adottata da un gruppo sociale determinato o anche soltanto da una categoria di persone: o per non farsi capire dagli altri gruppi (o individui estranei), o per sancire l'appartenenza al proprio gruppo o categoria. Nella prima accezione si parla per esempio del gergo dei malavitosi, o dei camorristi, nella seconda del gergo dei calderai, o degli spazzacamini (e, da ultimo, del gergo, poniamo, dei giovani; mentre a un'estensione non più tecnica si devono espressioni recenti quali "gergo televisivo" o "gergo medico"). Il termine risale all'antico francese *jergon* che significa "linguaggio degli uccelli", cioè una forma di comunicazione incomprensibile all'uomo; da qui l'applicazione primitiva alle lingue "furbesche" o per l'appunto "zerghe", successivamente estesa a raggruppamenti e corporazioni di artigiani e mestieranti e, in epoca moderna, a comunità caratterizzate da identico statuto sociale o appartenenti allo stesso nucleo geografico. Per queste informazioni servono il DELI *Dizionario etimologico italiano. Il nuovo etimologico*, di M. Cortelazzo e P. Zolli, a cura di M e M.A. Cortelazzo, Bologna, Zanichelli, 19992 e di G. Sanga, Gerghi in Sombrero (a cura di), *Introduzione all'italiano contemporaneo. La variazione e gli usi*, Roma-Bari, Laterza, 1993 ("Manuali Laterza", 43) 151 e ss.

Gerghi noti sono ad esempio (erano presenti anche in altri luoghi ed altre comunità, ad esempio) quello degli ombrellai sul lago (erano detti "furbeschi" o "lingua gerga") ed erano usati principalmente dagli imbonitori per farsi capire dai compari. Un famoso "Torototela", che non è quello ossolano, ma Arturo Frizzi di Mantova, aveva pubblicato un analogo vocabolario nel suo "Il ciarlatano", stampato a puntate in appendice al "Sempre Avanti!" di Torino nel 1902, e riproposto nella terza edizione (40esimo migliaio) nel 1912. Nel *Gergo dei Girovaghi con spiegazioni etimologiche*, riporta 481 voci, di cui una sola si ritrova anche nel Savaglio: , "scabi" con significato direi universale di "vino" (Scabi o Scabbi, spiega il Ferrero, deriva probabilmente da "scabbiosa, taverna .... Perchè frequentata da gente misera e sporca, che aveva la scabbia"). L'alta tiratura del repertorio si giustifica perchè questi vocabolari vennero stampati a uso dei viaggiatori e di chiunque avesse una borsa da salvaguardare.

Il libretto di Savaglio, invece, si riferisce a termini della vita comune, non a raggiri e piccole truffe, ma è comunque relativo a discorsi che si voleva impedire di capire ai non iniziati. Egli era nato a Varzo il 28 febbraio 1871, figlio di Giuseppe e di Giuseppina Paggi (a sua volta figlia del Notaio Gio.Battista e di Domenica Savaglio), entrambi maestri. Questo cognome è attualmente presente in frazione Altreggiolo. Difficile affermare che questo sia stato un gergo, e ancor più difficile risalire all'epoca in cui è stato creato, e per quale motivo, e in quante copie e con quale distribuzione fu stampato il libretto. Sembra che le pochissime copie ora in circolazione siano tutte riconducibili a un unico fondo.

Una verifica fatta con il recente *Ul dvarun* di Luciana Rigoni con Irene Salina, e con una 68enne (O D P) originaria di Trasquera, sempre rimasta in valle (che si è divertita parecchio ai miei inutili tentativi di pronunziare "z" e "s") mostra che la maggior parte (80%) delle parole sono attualmente sconosciute, e molte di quelle riconosciute hanno un significato diverso. Analogamente, un 65enne mi ha confermato che la maggior parte non le capisce.

Sono riconosciute non più del 20 % delle parole, da dimostrare se gergo entrato nell'uso dialettale dopo cent'anni, o dialetto impiegato come gergo, ad esempio: *areii, barlocca, bazuffia, ciajor, cigè, fanzella, lanfazza, malstranch, sguezza, slimbar, stafel, squitta, zaclè, bintcial, ciül da terra*, hanno lo stesso significato. Altre invece, dialettali, hanno un diverso significato come gergo testimoniato da Savaglio: *scajun* , sasso in dialetto, vuol dire "riccone" in gergo. Analogamente *sciozza* passa da "orina di vacca" a "donna sporca". Più difficile, *auniscia* da "ontano" a "metallo", "argento", e *fauscett* da "falcetto" a "francese". Mentre non sembra conosciuto *scuriat*, "frusta", che mi sembra comune nel piacentino e diffuso però anche altrove e anche nell'italiano. Cfr. scuriata-scuriada = sferza di cuoio. Ne *Il carrettiere*, canto lombardo: *Le la sente 'l ciòcco ma de la scüriada le la corre 'n strada a veder chi è. Pzineul* "cane" nel gergo, significherebbe ora "uomo che va a donne".

Tuttavia la Irene Salina, vissuta nello stesso ambiente contadino del padre, ricorda quasi tutti i vocaboli del Contini, idem per Cesarina Ridder, che ha passato 60 anni negli alpeggi, come dice lei "66 ferragosti al Ciamporino", senza collegamenti con peltrai o ciabattini.

Confrontate invece con il vero gergo riportato dal Frizzi: *Caldi, l'è un vasco, marconato sgobaghe un imbonimento del santo togasso, ghe stansia nelle sere do serciose da rosume, e briosa finchita, ciffo sotto la grinta de bacchina.* Due mie informatrici, Irene Salina e la fu Cesarina Ridder, confrontate con queste frasi, sono straniate e non capiscono. Penso che a parte chi ha letto il Frizzi o fa il mestiere dell'ambulante, ormai non le conosca nessuno.

Nel comasco alla frontiera con il Ticino, c'è la Val Cavargna, dove nel passato gli abitanti esercitavano il mestiere migrante del magnano, consistente nella vendita e riparazione di oggetti di rame stagnato. Anch'essi avevano il loro gergo, 593 vocaboli documentati in "Il rungin, glossario del gergo dei magnani della Val Cavargna" a cura di Carlo Butti, 1984. A poca distanza, in Svizzera, c'era l'analogo "Rügin" dei magnani della Val Colla e dell'Alta Val Capriasca. L'emigrazione era rivolta verso la bergamasca. Nonostante il mestiere simile, ben pochi vocaboli (quelli conosciuti dovunque) si trovano in entrambi i gerghi, e precisamente:

```
crogia  creuggia casa
bur     boor     soldi
rüfi    rüf      fuoco
scabi   scabi    vino
```

Esempio: In da cròspa agh tedza un ortegh mognante coi sgnòzz, 'n musciaschin bràmess e baràna.

Nella monumentale opera curata dal Leydi, *Mondo popolare in Lombardia*, nel volume 1, *Bergamo e il suo territorio*, 1977, pag. 137-260, è riportato *Il gergo dei pastori bergamaschi*, "gaì", di Glauco Sanga, 991 vocaboli commentati, con ampia bibliografia e una seria analisi critica. Anche qui, però, meno del 2% dei vocaboli trova riscontro nel nostro elenco. Riporta:

```
114 bor       denaro
192 carpinà   rubare
227 crogia    casa
311 garolf    cane (ma Prati: gatto)
393 lapa      lingua
412 losià     guardare
537 patafia   carta
546 patom     letto
555 pedra     meretrice
606 rof       fuoco
689 scabe     vino
825 sloza     acqua (ma Tiraboschi:
losa)
880 stael     formaggio
981 tuf       fucile
```

Nel volume 7, *Cremona e il suo territorio*, pag. 206-213, sempre di Glauco Sanga, *Il gergo dei cordai di Castelponzone*, parlato fino alla fine della seconda guerra mondiale. 131 voci, le sole in comune, *scabi* e *slèensa*: *ste brüüna a parti al peten de balariin perchè gh'o mìia de pìila de togh li bigùunsuli ai pivèi.*

Il cosiddetto gergo varzese sembrerebbe quindi o molto semplicemente una parte caratteristica del vecchio dialetto, progressivamente dimenticata e non più conosciuta dai giovani, o una costruzione originale, che ha poca attinenza con altri gerghi conosciuti e studiati a fondo. La questione è, per quale ragione ? Il Sanga, al termine di una lunga disamina, considera il gergo come un'elaborazione finalizzata a marcare l'appartenenza a una classe. Nel nostro caso, tre dei sei intervistati dal Contini erano un prete (Giuseppe Salina), un negoziante di stoffe (Anselmo Salina), un medico (Gaudenzio Mazzuri), che conoscevano questo insieme di vocaboli per averlo sentito, non per altro). Dei tre rimanenti, uno ha fatto il magnano per 6 anni su 86, l'altro il negoziante di ferramenta per 32 anni, l'ultimo il lattoniere per 5 anni.

Questo fenomeno spiegherebbe l'uso del semplice dialetto in presenza di persone che non lo capiscono, come nella storia della Irene che funzionerebbe anche senza gergo, ma soltanto col dialetto ovviamente incomprensibile ai francofoni, insomma ancora adesso, per non farsi capire, basta parlare il varzese stretto.

Interessante l'opinione di Gaetano Berruto, nella sua *Sociolinguistica dell'italiano contemporaneo*, 1987, che esaminando le lingue speciali secondo il lessico, il raggio d'azione e i fini, sottolinea come i gerghi, sia quelli di gruppo sia quelli di mestiere, abbiano in sè un forte valore di contrapposizione del gruppo di gerganti agli altri utenti. Tale contrapposizione assume a volte il carattere di impiego criptico, altre volte il carattere di contestazione della lingua della comunità normale e della sua cultura. Contesta il Sanga che definisce il gergo "la lingua della classe sociale dei marginali", "in realtà par difficile negare una fondamentale funzione di lingua segreta a certi gerghi, tutto sta a intendersi sui diversi tipi di gerghi che possono esistere, senza assimilarne necessariamente la vasta fenomenologia a un unico denominatore, il gergo dei malviventi e degli emarginati". Recentemente rispetto all'epoca di questo gergo, Halliday e Steger hanno messo in rilievo il carattere di "antilingua", una sorta di controcultura, prodotta da un'antisocietà esprimente verbalmente l'opposizione alle norme e valori della società corrente, ma non mi sembra questo il nostro caso. Sempre il Berruto, nella tabella riassuntiva 3 esamina una decina tra lingue speciali e gerghi, sotto gli aspetti di lessico, semantica, finalità e utenti, e differenza giustamente tra gergo di mestiere (con lessico ridotto, avente natura di terminologia parziale, semantica rigorosamente denotativa, finalità sia tecnico funzionale che criptica, destinata esclusivamente a un gruppo di utenti specifico) e gergo della malavita con specifica funzione di controlingua.

Il famoso dialettologo e filologo Contini, ottimo conoscitore del dialetto locale, fa risalire la costituzione del gergo verso il 1830, "quando l'apertura della via napoleonica del Sempione accrebbe in modo imponente il fenomeno migratorio, e ritiene che l'ampiezza del patrimonio gergale prova che era parlato da colonie numerose e salde. E all'epoca del suo articolo nel 1932 l'uso rimaneva solo a Parigi, dove lo si teneva in vita riflessamente per scrupolo di serbata tradizione." È un vero peccato che un tale esperto, disprezzando il discorso del Veglia, l'unico testo scritto noto, non lo abbia commentato, ritenendolo un miscuglio di gergo e dialetto: avrebbe potuto portare un contributo notevole alla conoscenza della parlata varzese. Perchè in effetti le 317 parole raccolte non sono sufficienti a costituire un linguaggio completamente autonomo da parte di chi, emigrato non acculturato, si barcamena in una lingua straniera e, dispone normalmente di un minimo di 500 vocaboli.

E sempre secondo il Berruto nei periodi passati nei quali la lingua tipicamente parlata era il dialetto (come nella Varzo del 1880) varietà eminentemente parlate come i gerghi si costruivano a partire dal dialetto e non dalla lingua.

Chi preparò il discorso all'alpe Veglia, Gabriele Allasia, era socio del CAI (che contava nella sezione di Domodossola 22 soci), e l'inserimento di una ventina di parole di gergo nel discorso, gli conferisce un'aura di poeticità.

Poi, il riferimento ai sassi miracolosi. Nel mondo occidentale è documentata l'esistenza dei sassi miracolosi, dove la donne sterili andavano a scivolare. Ancora oggi a Varzo, una intervistata cinquantenne, VF, anche dialettofona, conosce e usa il termine "squatè" per una donna rimasta incinta, nel senso che è scivolata metaforicamente o ha peccato, ma non conosce l'abitudine di scivolare sui sassi, mentre il recente "Domina e Madonna" a cura del Gruppo Archeologico Mergozzo documenta, anche con foto Ossolane, gli "scivoli della fecondità". In *La donna di pietra nei Grigioni*" di Kurt DERUNGS, nel "Report Centro Ecologia Alpina" 27 (2002) pag. 70, si menziona Reitia, che ritorna nel mondo leggendario col nome di Madrisa, ovvero Mater-Rita e che in riferimento al culto delle pietre mostra una stretta parentela con un rito della fertilità, l'usanza cioè delle donne di scivolare sedute su uno scivolo di pietre.

Tuttavia attualmente a Varzo le donne più anziane non hanno mai sentito menzione di questa usanza, mentre dei settantenni (OF ed altri) si ricordano che quando bambini andavano a scivolare con le scarpe chiodate sulla "squaratera del cucul" nel vallone di Cattagna.

Un esame del *Petit Simonin Illustrè* del 1959, basato su opere come il *Glossaire du procès des Coquillards*, Schwob 1455, *Le Jargon ou Langage de l'Argot réformé*, Cheréau 1628, *Le Voleurs, physiologie de leurs moeurs et de leur langage*, Vidocq 1837, non mostra alcun vocabolo comune o derivato, nonostante buona parte di vocaboli del Savaglio siano stati raccolti in Francia.

*Ul vecc d'verun*

# Conclusioni

Da quanto illustrato, si dedurrebbe che questo cosiddetto gergo, in larga parte originario di Varzo in quanto dissimile dagli altri noti, ha avuto una vita di 100 anni, dal 1830 al 1930, indebolendosi con la scomparsa del mestiere viaggiante del lattoniere e del ciabattino. Si cercò di mantenerlo vivo da parte di un gruppo di emigrati a Parigi, ed ancora adesso qualcuna delle parole più comuni è conosciuta a Varzo, nessuna dai giovani, e qualche parte del "discorso" è ricordata da soggetti maschili e femminili, in particolare i passi o le espressioni "scherzose". Qualche parola è stata assimilata nel dialetto, qualcuna con significato diverso. E comunque per i parlanti attuali appare ormai quasi come un gioco o una divertita esibizione in cui compiacersi, come il "verlan" dei ragazzi in Francia (per la ben trascurabile presenza di termini professionali propri al gruppo dei presunti autori). E gli scivoli della fertilità non sono ora nemmeno un lontano ricordo, nonostante la loro identificazione nel resto dell'Ossola.

La generazione spontanea non esiste, e purtroppo, come per la creazione delle barzellette, di autore anonimo, sfugge qui, come negli altri studi sui gerghi, la fonte creativa, un singolo o una piccola collettività, e le fasi evolutive di crescita e abbandono.

Andrebbe esaminata la documentazione sul dialetto di Trasquera (107) raccolta 100 anni fa per la preparazione dell'Atlante linguistico ed etnografico d'Italia e della Svizzera meridionale preparato dai professori Jaberg e Jud, l'*Opera del Vocabolario della*

*Svizzera Italiana*, con materiale su Varzo, e gli appunti originari del Contini, se ancora esistenti, per determinare quale delle sue 6 fonti ha fornito quali vocaboli: ma anche disponendo di questi dati sarebbe impossibile venire a capo della genesi puntuale di ogni parola.

Mi sembra di poter concludere che per molti di questi lemmi si sia prodotto negli anni uno scambio irriflesso tra gergo e dialetto. Che per una buona parte delle parole repertoriate si debba infatti parlare di gergo sembra indubbio, non appena si considerino i doppioni: cucchiaio = dialetto *cigè* e gergo *pala*; zucchero = *zücar* o *zùruk* in dialetto, ma *os da mort* (o da *mord*?) in gergo; casa = *cià* in dialetto e *brogia* o *croeuggia* in gergo. Del resto e anche in assenza di doppioni documentati, sarebbe davvvero troppo strano immaginare che in passato il latte non fosse designato dialettalmente come *lacc*, ma sempre soltanto come *bianchin*.

Il Contini che ha maggiormente documentato questa "raccolta di vocaboli", era solito frequentare anche settimanalmente la famiglia Salina della frazione Coggia, in quanto studiava al Rosmini insieme ai due figli del Gervasio, fratelli della Irene che ho intervistato. Andava frequentemente nel loro ristoro a Ciamporino, frequentato da pastori, contadini, guardie di finanza e contrabbandieri.

I vocaboli da lui trascritti, sono ancora ricordati dalla Irene, che NON era a conoscenza dell'indagine condotta e da quanto pubblicato, avendo all'epoca 9 anni. Gli stessi vocaboli e qualcuno di più, sono ricordati come impiego normale dalla Cesarina Ridder, classe 1916, originaria della centrale frazione Alneda, e che ha passato la vita negli alpeggi, in particolare Ciamporino, senza che nessuno dei suoi parenti fosse attivi nei due mestieri di lattoniere e ciabattino. L'ipotesi è che i termini non conosciuti ora fossero stati ottenuti dal nonno, classe 1850, e dimenticati dai figli, come ora nessun giovane sembra conoscere alcuno dei vocaboli argomento di questa ricerca. E che quelli conosciuti facessero parte del vocabolario comune degli emigranti, che erano poi solo lattonieri e ciabattini.

Sarebbe importante per verificare questa ipotesi, l'esaminare gli appunti originari del Contini, con indicazione della persona dalla quale aveva ottenuti i singoli vocaboli.

Sarò gratissimo a chiunque vorrà completare, precisare eventualmente correggere gli apporti di questo lavoro che si avvale anche di ricerche già condotte in passato da altri studiosi locali (sin dalla fine dell'Ottocento), sul gergo di Varzo: a riprova della sua ricca e curiosa varietà di usi e significati.

Rodolfo Pardi

# Ringraziamenti

Gianni Panettieri, originario della Colla, ora in Svizzera, che mi ha procurato il libretto del Savaglio, che era come la chimera, tutti sapevano che esistesse, nessuno l'aveva visto

Osvaldo Ferrero, che mi ha procurato il discorso del Veglia, e indicato la squaratera di Cattagna

Florinda Morisetti, che mi ha procurato lo sconosciuto manoscritto del D'Avino

Il prof. Guido Pedrojetta, titolare di Storia della lingua all'Università di Friburgo, per i suoi consigli, indirizzamenti e consulenza, senza il quale questo studio non avrebbe preso avvio.

Giovanna Ceccarelli, del Centro di Dialettologia di Bellinzona, che mi ha fatto conoscere il "Quaderno fonetico n. 105" su Varzo

Piero Piretti, cultore di dialetto: sentirlo leggere il discorso era un piacere.

Irene Salina Borello, a conoscenza della maggioranza dei vocaboli, per il preziono contributo alla conoscenza della vita dell'epoca, e al chiarire le relazioni degli intervistati con il Contini.

Olimpia Del Pedro, la mia prima vittima, e tutti i varzesi che mi hanno dato retta, in particolare Cesarina Ridder, Irma Salina Borello e Clara (Anita) Felisetti, che hanno cantato per me le loro vecchie canzoni.

Paola Fenizi, rintracciata fortuitamente a Omegna, che generosamente ha mi consegnato la sua unica copia della vecchia tesi, consegnata poi alla biblioteca di Domodossola

# Alternativa: Scherzo o Divertimento?

L'alternativa che si tratti di uno scherzo, per le seguenti ragioni:

1) Funzione criptica inesistente.

Al tempo del Contini, almeno le sei famiglie intervistate, tutte della frazione Coggia, su forse 20, quindi una piccola comunità, conoscevano questo linguaggio, pur non utilizzandolo in un contesto di gruppo chiuso di artigiani, senza che potessero usarlo con la speranza di non essere capiti.

2) Non idoneità del messaggio a trasmettere agli iniziati messaggi relativi al mestiere.

I vocaboli sono nella quasi totalità della vita comune, non specifici del mestiere.

3) Non lingua di appartenenza a gruppo.

vedi 1), un prete, un medico, ecc., e gli alpinisti del Discorso al Monte Leone, niente in comune a parte l'essere varzesi.

4) Impiego.

Il solo testo scritto noto, sembra appunto uno scherzo tra amici, tra allusioni più pesanti di quelle formalmente derivabili dal vocabolario. Adesso, anche le donne che lo conoscono, ridono nel menzionarlo.

5)Testimonianza

Il Savaglio, nella sezione in Francese del suo libretto, nel lontano 1910, lo definisce " du vieux dialecte "

L'alternativa che si tratti di gergo, per le seguenti ragioni:

Insieme di vocaboli appartenente a una professione migrante, ma non contiene vocaboli specifici della professione, e nemmeno una ragione perchè i vocaboli dovessero essere tenuti nascosti agli spettatori.

# Ripensamenti del 2022

Un interessante articolo qui citato mi ha indotto a riconsiderare tutte le ricerche citate:

Estetica del gergo. Come una cultura si fa forma linguistica

Author(s): Glauco Sanga (MOLTO AUTOREVOLE)

Source: La Ricerca Folklorica, No. 19, La piazza. Ambulanti vagabondi malviventi fieranti (Apr., 1989), pp. 17-26

Published by: Grafo Spa

**"Per fare etimologia gergale importa poco o nulla l'etimo fonetico (fondamentale invece per l'etimologia dialettale**), ma occorre rintracciare l'idea che ha dato origine al significato gergale, che è sempre figurato, e ricostruire la rete di relazioni e di solidarietà che è sottesa alle figure gergali, rete che rimanda alla cultura e all'ideologia dei gerganti, legati alla strada, alla piazza, alle attività commerciali marginali e illecite. Solo una conoscenza diretta dei gerganti e della loro cultura permette di comprendere i meccanismi che presiedono alle formazioni gergali. E pertanto si potrà giudicare della bontà di un'etimologia gergale non astrattamente, **certo non foneticamente**, ma in quanto l'etimo si accordi con il complesso ideologico che genera le figure gergali."

Ciò è simile a cosa è successo con l'etnomusicologia, dove nelle prime ricerche ottocentesche si dava importanza solo all'aspetto letterario e poetico, arrivando addirittura ad alterare i testi per renderli più corrispondenti alla lingua colta, come Brofferio, poi con Child e il Nigra si registrarono le varianti e gli interpreti, poi all'inizio del novecento Bela Bartok segnalò l'importanza delle melodie, in seguito i Lomax si interessarono all'ambiente dove avveniva l'esecuzione e agli aspetti storici, e infine si cominciò a descrivere il timbro, le modalità del canto, la relazione con l'ambiente culturale, ecc. **Togliendo rilevanza ad esempio agli infiniti modi di pronunciare una "a".**

Quindi, sia il Contini che la Fenizi diedero la massima importanza all'aspetto fonetico, senza porre la domanda della situazione nella quale questi "termini" venivano usati, ad esempio il Dottor Mazzurri, medico, che non aveva mai fatto l'ambulante e non aveva necessità di nascondere il suo pensiero con strani vocaboli, e la Cesarina Ridder che non si era mai mossa dagli alpeggi.

I repertori gergali di solito si soffermano sull'aspetto semantico, sulle risonanze che la parola in gergo ha rispetto al significato primo; procurano cioè di motivare la formazione del termine gergale. Vedi il prezioso Ferrero, *Dizionario storico dei gerghi italiani*.

Motivare: se 'grana' o 'grano', in gergo, significano 'i soldi', la motivazione sta nella somma di forma e moltitudine delle monete, veicolata anche dall'immagine del grano (e ancor di più dall'immagine augurale delle lenticchie di capodanno): arrotondate e abbondanti.

**Anche io ho perso l'occasione** di chiedere alle persone intervistate dove avessero imparato i vocaboli, in che occasione li avevano ascoltati e quando e perché li utilizzavano.

**Occasione irripetibile**, perché la centenaria Irene Salina non è più in grado di rispondere.

Eh sì proprio così, dal momento che quel gergo vive soltanto ormai sulle pagine dei repertori: nessuno lo parla-conosce più.

Riporto qui le considerazioni del Sanga, una nuova frontiera:

"Per la ricostruzione della rete di figure gergali occorre conoscere, oltre ai procedimenti semantici e retorici, più noti e più studiati, anche i procedimenti fonetici e morfologici della formazione gergale delle parole."

1) inversione o anagramma: zabboffia "minestra" < bazzoffia (questo è tipico del cosiddetto *taron,* che rovescia tutto, interpolando a volta una lettera: Guido = Lidodegui; Rodolfo = Lolfoderod ecc.); anagramma: per esempio *lago* al posto di *gola : ho sgaiosa e lago di sgagnar e trincar quaicoss…*

2) suffissazione deformante: altrera "altro" (straniante; di primo acchito non si capta il senso perché il suffusso sembra portare altrove)

3) troncamento, mozzatura; procedimento inverso al precedente, e una sorta di desuffissazione : pula < polizia francese poulet poliziotto

4) inserzione di r/l non etimologiche: cospa/crospa "casa" interpolazioni varie per cui vedi il punto 1

5) scambio di fonemi, sia vocalici che consonantici: produce straniamento come quasi tutti i casi seguenti

- 5a) scambio tra consonanti sorde e sonore: puffo/buffo "debito" (e puffo per debito è già gergale)

- 5b) scambio tra consonanti: I. dentali e velari (soprattutto t/ch): trusca/crusca "elemosina" idem

II. labiali e velari (soprattutto b/gh); badofia/gadofia "minestra" idem

III. dentali e labiali: sberti/sberpi "uccidere" (occorre capire che l'infinito dialettale *sbertii* significa distruggere

IV. s (e sibilanti) e f: anfare/ansare "bruciare"  straniante

V. altri scambi consonantici: ciospa/chiospa/cospa "vecchia",

- 5c) scambi vocalici: I. diffuso e significativo e lo scambio tra vocali anteriori e posteriori (soprattutto i/u, e/u, e/o): trique/truc "inganno "

2. Darsi ragione di questi fatti di "fonetica gergale" non e facile. Tenterò una via etnolinguistica, che forse ci permette di riassumerli tutti sotto un unico principio organizzatore. …

Cercheremo di rispondere alle domande: com'e fatta una parola gergale? Perché, anche senza conoscerla, siamo in grado di riconoscerla come gergale? A cosa si deve l'aria di famiglia che hanno tutti i termini gergali? ... "

Rimando quindi alle monografie contenute nella citata La ricerca Folklorica N. 19 per interessantissime considerazioni sui gerghi, che niente hanno in comune con la fonetica tradizionale impiegata per documentare i dialetti.

Per incuriosirvi:

"È giunto il momento di tirare le somme: cosa ci dicono i fatti di fonetica e morfologia gergale che abbiamo indagato? Sono stati individuati otto strati, cioè otto <forme fonetiche> che, nel sentimento dei parlanti, dovevano caratterizzare il gergo in maniera molto precisa e specifica:

linguaggio animale, in particolare degli uccelli; *argot* è precisamente parola che indica il ciguettio incomprensibile a noi degli uccelli (ma in molti casi ha un significato comunicativo tra due o più animali; v. il fischio delle marmottte) la forma fonetica e il raddoppiamento onomatopeico e la variazione consonantica

2) linguaggio infantile; e forma fonetica e il raddoppiamento sillabico

3) linguaggio dei balbuzienti; forma fonetica: raddoppiamento spezzato

4) lingua "altra", rovesciata e speculare (varietà complementare della lingua); forma fonetica: alternanze vocaliche e consonantiche

5) lingua "cattiva" o "pesante" (varietà negativa della lingua forma fonetica: alternanze consonantiche e vocaliche)

6) lingue prelatine (italiche, mediterranee, etrusco) e popolari (rustiche); forma fonetica non latina

7) lingue germaniche; forma fonetica germanica

8) lingua araba; forma fonetica araba"

# Bibliografia

Bibliografia ragionata su Varzo e il Sempione, ordinata per data, dal più antico al recente. Per cercare un titolo o un autore, utilizzate la funzione "cerca" del Kindle

## Storia locale

Il riferimeto BOxxxx si riferisce alla numerazione della Bibliografia Ossolana

- **Benvenuto Cellini, La vita**, par. 99, 1728. Ad esempio, nella collezione di Classici Italiani dell'Unione Tipografico Editrice Torinese del 1926, con note bibliografiche, basata sull'edizione critica di Orazio Bacci di Sansoni, Firenze, 1901. Lo stesso brano della vicenda autobiografica degli anni 1558-1566, trascritto in Italiano moderno e commentato, sull'Eco Risveglio n. 5, 6/2/2003 a pag 29, a cura di Paola Caretti.

- **Guida da Milano a Ginevra pel Sempione** con 30 vedute ed una carta geografica. Milano presso F. Artaria, 1822 (ma ristampa in 1.500 copie nel 1991 a cura della Famiglia Meneghina). Con riproduzioni della maggior parte delle acquetinte del Lory sulla zona.

- **Famiglie della Comune di Varzo** che pagano sulla Fondiaria le maggiori imposte nel 1866, desunte dal ruolo della Commissione del Consorzio di Crevola: n. 27 Gatti Giovanni fu Pietro 70 ettari 3,75 are (da un manoscritto della sig.a Alvazzi Delfrate)

- **L'Alpinista, anno II, n. 9** , Settembre 1875. Il secondo anno della prima pubblicazione mensile del neonato CAI. Sezione di Domodossola, adunanza generale , pag 131, all'alpe di Veglia il 22 agosto, sabato partenza, domenica Seduta, letture e proposte, pranzo sociale, passeggiata nei dintorni. Associazione di nobili e borghesi, all'epoca contava un migliaio di soci, che avevano i mezzi economici e la disponibilita' di tempo, per potersi dedicare alle escursioni alpine. La sezione di Domodossola era stata la quinta ad essere creata, agli albori dell'alpinismo organizzato.

- **Bollettino del CAI n. 9**, 1868, pag 199, il Monte Leone.
- **Bollettino del CAI n. 27**, 1876, il Panorama dell'alpe Veglia, cromolitografia. All'interno a pag 310 tre pagine di descrizione.
- **R. Leuzinger's Billige Karte der Schweiz** und der angrenzenden Lander, Bern 1876. Compresa laValdivedro. Interessanti le denominazioni dei paesi dell'epoca, ad esempio "Livrogna".
- **Bollettino del CAI n. 31**, 1877, pag 453, Da Varzo al villaggio del Sempione.
- **Bollettino del CAI num 48, vol XV, del 1881** pubblicò in appendice l'elenco dei 3.585 soci, suddivisi per Sezioni, tra i quali gli 88 soci della sezione di Domodossola, comprendente i cinque di Varzo.
- **Dott. Costantino Alvazzi Delfrate, Guida all'acqua minerale** della stazione climatica d'altezza di Varzo Veglia nell'Ossola, a Torino, 1892. Anche ristampa anastatica di Sergio Trippini del 2007. " ... bisogna che si diffonda nei Varzesi la persuasione che molto resta a farsi e che più spinta debb'essere l'iniziativa per ricavare tutti gli utili di questa naturale ricchezza del loro territorio ..."

- **P. Prada, Domodossola e il Monte Calvario** , Ritagli e scampoli di Storia Religiosa e Patria, Milano, Ed. L.F. Cogliati, 1897, 263 pag e XL e pubblicità. BO2871. Solo tre riferimenti, pag 8, con foto Ospizio del Sempione, pag 42 nel quale le Educande del collegio di Domo sono soprattutto di Varzo, e pag 236 dove la peste dilagò nel 1629 fino a Bogliaga e Trasquera, con ben 100 morti.
- **Strade Ferrate Federali Svizzera, carta Viaggiatore** circa 1900. Riporta il tracciato della costruenda galleria del Sempione, e informazioni utili, come tariffe, distanze, cambi con le monete non appartenenti all'Unione Monetaria Latina. La visita dei bagagli si farà a Domodossola.
- **Frédéric Barbey, La Route du Simplon**, Atar, Geneve, 1906. Illustrations de Frèd Boissonas. Splendido volume con illustrazioni del tempo. Si vede com'era Berisal, la mulattiera, la Torre a Gondo, la piazzetta della chiesa di Varzo, con l'insegna della trattoria, la diligenza, il ponte di Crevola, le linee ferroviarie fino in Francia col costruendo tunnel del Mont d'Or, e molto altro. Rarissimo anche nelle biblioteche italiane, un esemplare al Rosmini, e uno a Borgomanero.
- **Figurine Liebig**, serie n. 870, sei illustrazioni, 1906. Il traforo del Sempione, Scene di miniera e costumi popolari. Ingresso lato sud, la perforatrice in azione. Descrizione sul retro
- **Edmondo Brusoni, Guida alle Alpi Centrali Italiane**, vol III, Valli Ossolane e Alpi Ossolane. Milano, Cogliati, 1908, 485 pag. BO441
- Simplon Railway, Guida Lampugnani**Simplon Railway**, Geneva-Lausanne-Milan, s.d. ma circa

1910. con 72 fotografie, 9 mappe e 2 piante di città. In inglese. Da Pontarlier (Vallorbe) a Milano. Descrizione degli itinerari ferroviari e turistici, mulattiere, sentieri e pagine pubblicitarie.

- **Giorgio Savaglio, Vocabolo del dverun**, Domodossola, Tipografia Porta, 1911. Il gergo di Varzo, usato per non farsi capire all'estero.
- **Giorgio Alvazzi, La Valle di Vedro ed il Sempione**, La cartografica, 1913. BO61.Rara pubblicazione, completa di notizie e informazioni
- **Le cento città d'Italia Illustrate, Domodossola, le valli Ossolane, il Sempiome** fascicolo 120, circa 1920, 16 pag illustrate. A pag 7, foto di Varzo, Iselle, galleria del Sempione
- **Attilio Vaudagnotti, il Ciabattino Santo di Moncalieri**, Tip Emilio Bono, Torino, 1927. Vedi notizie più complete su Panighetti
- **Rivista mensile CAI, nov-dic 1928**, pag 410, dati statistici dal 1838 al 1921
- **Annuario delTouring Club Italiano, 1929** . Dati sulla popolazione nelle frazioni, tratti dal censimento del Dicembre 1921.
- **L.V. Bertarelli, Piemonte**, TCI, Milano 1930, pag 623-629
- **Giovanni de Maurizi, L'Ossola e le sue valli,** Guida Ufficiale storica - artistica - descrittiva - itineraria , edita dalla SEO, Domodossola, 1931, 392 pag. BO1147. Capitolo quarto, pag 228 - 243, La valle Divedro e il Sempione, Varzo e Trasquera, Uomini illustri e benemeriti, Escursioni
- **Bollettino Storico per la Provincia di Novara**,anno XXVIII fascicolo IV, dicembre 1934, pag 278-287.

Don Luigi Pellanda, Alcune pergamene del comune di Varzo. Testi in latino. La prima di Bianca Maria Visconti del 1466, riconosce gli Statuti e gli Ordini della Valle. La seconda, pergamena della Strada del Sempione, fa obbligo della manutenzione della strada ai dazieri, che esigono 10 denari per ogni soma.

- **Sac. Giorgio Alvazzi, Statuta Vallis Diverii**, Stab tip E. Cattaneo, Novara, 1943 XXI. 112 pag. Contiene gli statuti del 1321 nell'originale latino, ed in una traduzione del 1697.
- **Ida Braggio del Longo, Piccolo mondo Ossolano**, La cartografica, Domodossola, 1949
- **Giovanni de Maurizi, L'Ossola e le sue valli**, Guida turistica - storica - artistica - , II edizione riveduta e ampliata a cura di Franco Ferraris, Giovanni Grossi editore, Domodossola, 1954. Nella cartina a colori allegata, oltre ai rifugi, sono indicate le case dei guardiani delle dighe in quota. Fino agli anni 70 era possibile infatti trovare presso queste ricovero (ma non cibo) in caso di chiusura del vicino rifugio o comunque di necessità.
- **Cinquantenario del traforo del Sempione** a cura del comitato italiano, 1956, 40 pag. Tra le illustrazioni, le nuove medaglie, panorama dell'Esposizione Universale di Milano del 1906, e 4 sequenze del film documentario, che mostrano l'abbigliamento dei minatori e la diligenza
- **Figurine Liebig serie 1788 I grandi trafori** circa 1960. n.3 Traforo del Sempione, con Altimetria, Imbocco a Iselle, Uscita a Briga, Locomotiva ad aria compressa. Sul retro il testo relativo a questa

galleria, che misura 19.730 metri, aperta al traffico nel 1906 ...

- **Annuario 1970** Edit. Studio 3P3, primo tentativo di un annuario dell'Ossola. A pag 348-350 informazioni del tempo su Varzo, abitanti, Uffici pubblici, alberghi, associazioni, ospedale (maternità), scuola, farmacia (viale Castelli), medico (Parvis) ...
- **Monti magici** Ed Silva Zurigo, 1971, 132 pag con 94 illustazioni. A pag 96-99, i recinti per pecore in pietra (ferichen) a Sempione Villaggio e il raduno delle pecore (muttini) il giorno di san Maurizio (Moritztag)
- **Sebastiano Ferraris, Bibliografia Ossolana**, Fond. E. Monti, Anzola, 1975. Volume 1 (fino al 1937), rimasto poi l'unico. Ancora acquistabile a Milano da Pecorini. In ordine alfabetico di autore, 3764 voci, abbastanza scomodo da consultare. Ho rintracciato 73 titoli con qualche attinenza, la maggior parte sul Sempione.
- **Aldo Audisio, Panorama delle alpi dalla pianura**, Priuli & Verlucca, 1979, pag 60
- **Torototela, Rime Ossolane** , illustrazioni di Camillo Boni, 1929. (ma ristampa anastatica del 1969, di Industria Grafica Ossolana, con una edizione speciale di sole 250 copie numerate rilegate in pelle, a cura del Lions Club di Domodossola). 508 pag. Poesie in dialetto di Giovanni Leoni. Nel 2001 ricorre il centenario della costruzione dell'omonimo rifugio al Cistela, con manifestazioni varie. Poesia "alpinismo" a pag 270:

...

In Val Divedar, quela dul Sempion,
i ghan dadrè da Varz ul Mont Cistela;

am disarì ch'a parli par passion,
ma quela l'è la scima pussè bela;
negh su, vardev intorn quand l'è seren
e dopo am savirì dì s'a parli ben.

- **Lo Strona, VI - n 1** gennaio marzo 1981. Numero speciale per il 75 del Sempione. 61 pagg + pubblicità.
Presentazione, Morgenrote am Simplon, Una storia di pionieri, Théofile Gautier attraverso il Sempione, Voyage en Italie, Stockalper il re del Sempione, Una traversata romantica, Una strada imperiale per i cannoni di Napoleone, Poste diligenze e postiglioni, Il leggendario treno della belle époque, Il trattato di Lattinasca (Enrico Rizzi), Via delle genti e delle mercanzie dal XIII al XVII secolo (Antonietta del Pedro), La ferrovia, Una notte del '45 il salvataggio della galleria (Pasquale Maulini), Valicando il Sempione notizie ecuriosità, Breve saggio bibliografico semponiano (76 titoli a cura di Giuseppe Giacobini).
- **Piero Piretti, Ul scentenari di Pumpiè at Varsc**, 1982, 192 pag + pubblicità. Con foto antiche e recenti, anche a colori, dell'ex sindaco di Varzo. Elenchi, dal 1882, foto, documenti, ricordi.
- **Francesco Savio, Il vento delle sette valli**, ambiente, 1984
- **Luciana Rigoni, La Valle di Divedro e il Sempione**, ed b.d.p. studio. Domodossola, 1986. Con gli statuti della Valdivedro del 1321, tradotti in lingua italiana nel 1697 da ignoto autore. Malgrado il titolo simile, non è un rifacimento dell'Alvazzi, ma un'opera nuova e originale

- **Edgardo Ferrari, Le cartoline del Sempione**, Grossi, Domodossola, 1986. Non ovviamente tutte, ma una scelta, molte commentate. Con Bibliografia specifica, e in appendice facsimile di "Descrizione della strada del Sempione" 20 fruttidoro anno VIII.
- **Rodolfo Valentini, il servizio postale attraverso il Sempione**, Dopolavoro ferroviario Domodossola, maggio 1986. 88 pag. Storia, facsimili di 69 annulli, responsabili degli uffici, orari, tariffe.
- **Luciana Rigoni. La Casa di Riposo di Varzo**, ed b.d.p. studio. 1987
- **Walter Bendotti, Com'eri Valle Divedro**, La Litografica, Domodossola. 1987. Fotografie
- **Walter Bendotti, Davanti al camino**, Raccolta antologica Valdivedrina, s.d. Racconti, documenti, foto.
- **Viaggio pittorico nell'Ossola**, Incisioni e litografie dell'ottocento,1988, Fondazione Monti. Contiene una illustrazione del costume di Varzo, di Viero. "Donna di Varzo nella valle Dovedro nell'alto novarese. Apud Theodorum Viero Venettis. Incisione a bulino, stampata in nero, inciso di mm 228 x 178"
R Rochette, Lettre sur la Suisse, 1822: Il costume delle donne della Val Divedro muta parallelamente al mutare della natura. Una gonna color blu-cielo, bordata al piede da una larga fascia rosso scarlatta, scopre delle gambe solitamente nude, perchè le calze non arrivano mai oltre la caviglia. Un fazzoletto rosso intorno al capo costituisce il loro unico ornamento. Questo costume non mancherebbe di una sua grazia, se le donne che lo indossano non

schiacciassero il petto con una cintura larga e pesante.

- **Dario Gnemmi, Viaggio attraverso la terra d'Ossola e il suo folclore**, Grossi, 1989. Comprende la storia della Banda musicale e del Complesso corale di Varzo, e le loro foto di gruppo.
- **Piero Piretti, Sulà cum du tap ai pei**, Tipolitografica Pistone, Domodossola, 1990, 394 pag. Storia dello Sci Club della Valle Divedro. Aneddoti, fotografie, disegni, descrizione ragionata della 53 frazioni, classifiche delle gare, un po' di tutto. Da questo varzese, classe 1931, sindaco di Varzo per 22 anni, che imparò dai nonni il dvarun
- **Gaetano Afeltra, Almeno questanno fammi promosso** Rizzoli 1991, 180 pag. Benchè i temi scolastici riportati, provengano prevalentemente dalla Val Vigezzo, potrebbero essere stati scritti benissimo nella Val Divedro.
- Atti del convegno **Parco Naturale Alpe Veglia tra poesia e economia ... quale sviluppo compatibile** organizzato dalla Associazione Amici dell'Alpe Veglia, 29 settembre 1991, Domodossola, Teatro Galletti 68 pag. Illustrato da fotografie (dal 1930 al 1970) del fotografo varzese Mario Ciceri. Con interventi di Tullio Bagnati, Giulio Bedoni, Virgilio Bettini, Renata Ciceri, Bruno Corna, Walter Giuliano, Karl Partsch, Floriano Villa, Dario Zocco, con Sergio Marinari moderatore. Battute, polemiche, bombe, in parte profetico, con problemi ancora irrisolti.
- **Luciana Rigoni, Irene Salina Borello, Ul Dvarun,** Fonetica, grammatica, nomenclatura, dizionarietto, proverbi, modi di dire, filastrocche, 1993, 150 pag.

Con pronuncia, termini usuali, frasi, nel dialetto di Varzo. 42 illustrazioni. Molti termini inusuali relativi alla vita contadina (come si dice il terzo fieno?).

- **Piero Piretti, Raccconti di Nonno Geremia**, Realtà, fantasia, leggenda. 1993. Stampato in proprio, 132 pag. Con disegni dell'autore. Qualche pagina sparsa in dialetto. Pubblicazione in occasione dell'Aprile Varzese.

- **Benigno Negri, Cent'anni di vita sanitaria nella Val d'Ossola**, Associazione ossolana di cultura medica, 1994, 100 pag. A pag 26, l'Ospedale di Iselle - Balmanolesca nel 1905, con statistiche e foto dell'Ospedale e del paese con la Chiesa di Santa Barbara

- **Voyage pittoresque de Genève à Milan par le Simplon 1800-1820** PTT Museums, Bern 1994, 80 pag. Testo in tedesco, con molte illustrazioni e carte geografiche d'epoca, e volumetto aggiunto con il solo testo integrale in francese. La costruzione della strada del Sempione dalle origini al 1820, Viaggiatori e diligenze attraverso il Sempione, ecc.

- **Bugliaga, la mirabile provvidenza dei nostri avi, Luciana del Pedro** , 1995, Comune di Trasquera, 294 pag. Dalle interviste di 37 persone, e da Archivi comunali e privati.

- **Lo sviluppo del Sempione come asse di traffico. Cambiamenti e sviluppi** Commento della esposizione del 15.6.1996. Ecomuseum Simplon Passwege und Museum, 1 pagina in quattro lingue.

- **Ti crit ca cret, Irene Salina Borello** , 1998, 52 pag. Proverbi e detti dialettali di Varzo.

- **Paesaggi elettrici**, territori, architetture, culture. A cura di Rosario Pavia. Enel 1998. Tra le altre, la Centrale di Varzo (con tre foto), opera del 1910 di Ugo Monneret de Villard, a 29 anni (quella di Verampio Portaluppi la progettò a soli 25 anni). " ... con i due corpi di fabbrica realizzati con la stessa pietra che li circonda ... i torrini medioevali ... in sintonia con il senso di sicurezza che i ceti dirigenti dell'Italia postunitaria vogliono esibire."
- **Piero Piretti, Scorci di Vita** Varzo, 1999. Cenni autobiografici, Episodi ante e post conflitto 1940-1945, Amministrazione 1956-1960, Amministrazioni 1964-64 e 1965-70, Amministrazione provinciale 1970-75. Episodi di vita vissuta prima, durante e dopo la guerra, , poi una ventina d'anni di vita pubblica, tra Comune e Provincia di Novara, dal 1956 al 1975, di un appassionato promotore della sua Valle.
- **Pietre ornamentali del Piemonte**, Regione Piemonte, 2000. Comprende Pietre e marmi del Comprensorio del Verbano-Cusio-Ossola, con le loro schede tecniche e 15 illustrazioni a piena pagina.
- **Foto d'epoca paesi Val d'Ossola**, 2001, CD Rom con 56 foto di grandi dimensioni, disponibile a Domodossola in corso ferraris. Una di Varzo
- Catalogo della Mostra fotografica di **Giuseppe Mattia Borgnis** pittore, nel terzo centenario della nascita (dal 21.7 al 2.9.2001 a Craveggia, Palazzo delle Scuole).
  N. 139 Assunzione della Vergine, affresco datato e firmato "Giuseppe Borgnis F 1739", Coggia, Varzo
  N. 144 Gloria di Santa Marta, affresco in cattivo

stato di conservazione, nascosto da un controsoffitto, oratorio di S.Marta, Varzo.

- **Il Sempione** Fondazione Emilio Monti, Anzola d'Ossola, 1999. 160 pag + 8 tavole sciolte. Volume prestigioso, ricco di illustrazioni d'epoca a colori, con 300 riferimenti bibliografici di viaggiatori attraverso il Sempione, fino al 1870. Con a pag 110 Piano della Nuova strada del Sempione nei pressi di Varzo 1803, purtroppo stampata speculare. L'immagine che potete vedere non è quella del libro, perchè è stata ingrandita, trasformata specularmente (in modo da risultare come l'originale acquerello) e contrastata parzialmente, in modo da potere leggere Varzo, val di Vedro e Route Neuve du Simplon.
- **Bollettino Storico della Provincia di Novara**, Indici annate I-XC, 2000. XXVIII, 278-287, L. Pellanda, Alcune pergamene del Comune di Varzo.
- **Monte Cistela, a cura di Paolo Crosa Lenz** ed. Grossi, Domodossola, pag 96, 2001. Recensito sull'Eco Risveglio Ossolano, n 35, 20 settembre 2001, con titolo: Giovanni Leoni, storia di un uomo e di una montagna.
- **Da stell a stell, viaggio nella storia e nella cultura della Valle Divedro** degli alunni delle scuole elementari di Varzo e Trasquera, 2002, 122 pag. Disegni di ambienti, situazioni e oggetti di uso comune con denominazione in Italiano e in dialetto, illustrazioni a colori degli alunni.
- **Luigi Pellanda, L'Ossola nella tempesta**, dal settembre 1939 alla Liberazione, V ediz, aprile 2002, Grossi editore, 156 pag, Domodossola. I ricordi di un parroco. A pag 122, il piano per fare saltare l'imbocco della Galleria del Sempione.

- I sistemi contruttivi impiegati nel passato nel VCO. Autori Galeazzo Maria Conti e Gilberto Oneto, a cura dell'amministrazione Provinciale Verbano-Cusio Ossola, dal titolo **"Pietra-Legno-Colore. L'architettura tradizionale nel Verbano-Cusio-Ossola"**, 2002. Purtroppo è stato distribuito solamente nelle scuole, e non è in vendita.

- **Le frane di San Giovanni** Le tragedie che colpirono la frazione negli anni 1951 e 1958, a cura della parrocchia di Crevoladossola. 2003. 52 pag. La storia, una quarantina di foto di grande formato, anche delle vittime. Completa documentazione anche dall'alto. Dimostrazione di come le parole scritte sull'argomento, non possono rendere la situazione con l'efficacia delle foto.

- Galeazzo Maria Conti, Gilberto Oneto **L'architettura minore e la gestione del paesaggio del Verbano-Cusio-Ossola**, Provincia VCO 2003. Esempi di antiche realizzazioni di muretti e recinzioni, pavimentazioni, scalinate e gradonate, ponti e passerelle, strutture religiose minori, strutture funzionali, orti e giardini, elementi di arredo. A pag 25 piantina a colori con indicata la localizzazione delle principali aree storiche di estrazione del serizzo nella zona di Varzo.

- Via, 4/2006, Numéro spécial Simplon. 82 pag. A cura de **CFFS**. In francese, esiste anche versione in tedesco. Come la vedono gli svizzeri.

- Antonietta del Pedro, **Il valico e la strada del Sempione attraverso i secoli.** Comune di Trasquera, senza data, ma maggio 2006. 96 pag. Si tratta della pubblicazione di una tesi di laurea del 1952-53, relatore chiarissimo prof Piero Pieri, Torino, facoltà di Magistero: ristampa in occasione del centenario del traforo del Sempione, completata di innumerevoli foto d'epoca.

- DVD **Balmanolesca e il Sempione, "dalla cura dei corpi alla cura delle anime"**. Nella stessa occasione (maggio 2006) il Comune di Trasquera ha pubblicato questo DVD, relativo a una conferenza trasmessa anche sul VCO. Progetto InterregIIIA "Villaggi di Frontiera". Tra i relatori, il sindaco Arturo Lincio, Lisanna Cuccini, il sindaco di Domodossola, il nipote del dottore Volanna che comprese la causa della malattia del minatore che aveva fatto 10.000 morti in occasione del traforo del Gottardo, e evitò tale moria con precisi provvedimenti di igiene.
- DVD **Traforo Ferroviario del Sempione** Centenario 1906-2006
- CD **Il canto di tradizione orale a Trasquera e in Valle Divedro**. Progetto InterregIIIA "Villaggi di Frontiera", a cura del Comune di Trasquera, maggio 2006. 24 brani tratto dall'archivio sonoro "cantar storie". Registrazioni in loco dal 1981 al 1999, prevalentemente dalle note Pierina e Luciana del Pedro (14 brani).
- CD **Il Sempione della storia**. Provincia VCO 2006. In copertina la cartolina inaugurale dell'Esposizione di Milano 1906. Pieno di informazioni, materiali di ricerca e rare immagini, in quattro lingue. Una bibliografia tra le più complete, che potrete trovare sul CD, o sul sito www.centannisempione.it
- Catalogo della mostra storica **1906-2006: il Traforo del Sempione, cent'anni della nostra storia** a cura delle Ferrovie dello Stato, e con la collaborzione attiva di vari circoli di Domodossola.

- **Centenario del traforo del Sempione**, Eco Risveglio Magazine, n. 64, 29 agosto 2006. Contiene numerosi articoli, e una bibliografia, presa in buona parte da questa pagina.
- **Valli Antigorio Divedro Formazza**, supplemento a Scenari, anno XVII n. 62/2006. Ambiente, tradizioni, enogastronomia e storia.
- **La via del Sempione** da Domodossola a Briga. Eventi Progetti 2006. Guida della Provincia VCO in occasione del Centenario del Traforo.
- **Lo scarpone** novembre 2006, in copertina "Sempione tra storia e leggenda"
- **Lo scarpone** gennaio 2007, pag 28, "C'era una volta la scuola di montagna". Testo di Anna Maria Mazzurri sulla sua esperienza a Trasquera, pubblicato da Priuli e Verlucca in "Sotto la neve, fuori dal mondo".
- Paolo Volorio **Osone**, 2007. Molte fotografie, architettura tipica dellOssola, testimonianza dello stato attuale di degrado di questa frazione di Trasquera, simile a altri luoghi della valle.
- Alessandro Chiello **Il Romanico in Ossola**, GAL Azione Ossola, sd (ma 2008). San Giorgio di Varzo e Santi Gervasio e Protasio di Trasquera. Descrizione, immagini e bibliografia.

# Guide recenti

- **Silvio Saglio, Alpi Lepontine**, TCI CAI, Milano, 1956. Della famosa serie con rilegatura in tela verde "da Rifugio a Rifugio", ancora oggi utile all'escursionista e all'alpinismo fino al 2 grado
- **Alberto Paleari, L'Ossola a piedi**, Gubetta editore, 1985. 144 pag. delle quali 24 dedicate a Val Divedro, Sempione, Veglia, anche in territorio svizzero.
- **Renato Armelloni, Alpi Lepontine Sempione-Formazza-Vigezzo**, CAI, 1986. Della famosa serie "Guida dei Monti d'Italia", esaurita la prima edizione, con la classica copertina in tela grigia, è stato recentemente ristampato con copertina in plastica.
- **Paolo Crosa Lenz e Giulio Frangioni, Veglia Devero**, Escursionismo in Valdossola, Ed Grossi, Domodossola, 1992, 256 pag. 64 itinerari con elenco e difficoltà, bibliografia
- **Bonavia Previdoli, Sci Alpinismo in Valdossola**, Grossi, Domodossola, 1993
- **Gianfranco Francese, Escursioni in Val Divedro, Alpe Veglia, Devero**, pro Loco Val Divedro, 1996 (con 46 titoli in bibliografia)
- **Giulio Frangioni, Sempione**, Ed Grossi, Domodossola, 1998, 224 pag. 33 itinerari , soprattutto in Svizzera, (manca purtroppo l'elenco), Sentiero Stockalper, bibliografia
- **Grossi Edizioni, Catalogo autunno 2000**, Domodossola, 32 pag. 73 titoli relativi all'Ossola, con descrizione e immagine copertina, qualcuno relativo a Valdivedro e Sempione.

# Giornali e periodici

Ricordiamo che il primo numero della Domenica del Corriere, inizialmente Dono agli abbonati del Corriere della Sera, è del 1899. Il Sempione, Chavez, e le tragedie, sono gli argomenti principali che si possono trovare sulla stampa nazionale.

- **Illustrazione italiana, n. 28**, 11 luglio 1897, all'interno, pag 24, articolo sul costruendo tunnel del Sempione
- **Illustrazione italiana, n. 50**, 11 dicembre 1898, in copertina il costruendo tunnel del Sempione
- **Rivista del Touring Club Italiano** n. 3 -4- 5- 6 Festa della Nazione, gita al Sempione
- **La Domenica del Corriere, anno I, n. 47** , 1899, copertina, rissa all'esterno

**La Tribuna Illustrata della Domenica, anno VI, n. 21**, 22 maggio 1898, quarta di copertina, Al confine, arresto degli operai che valicarono il Sempione. Episodio legato alla feroce repressione del Bava-Beccaris dei moti di Milano, quando "dalla Svizzera nostri connazionali profittarono per organizzare una spedizione armata. ... il quadro riproduce l'arrivo di una di queste comitive, intirizzita dal freddo ed esausta dalla fame al confine del Sempione ..." **La Domenica del Corriere, anno I, n. 30** , 30 luglio 1899, copertina, I lavori pel traforo del Sempione: nelle viscere del monte. Disegno di A. Beltrame. A pag 6: disegno eseguito con l'ausilio di alcune istantanee al magnesio. Rappresenta gli operai addetti a una delle perforatrici Brandt ad acqua compressa e a punte tricuspidali, mentre altri operai attendono al trasporto del materiale. La temperatura nelle viscere del monte è così elevata da costringere quei

ciclopi moderni a lavorare pressochè ignudi.
**La Domenica del Corriere, anno II, n. 14**, 8 aprile 1900, in copertina Disegno di A. Beltrame, Il Duca di genova a Iselle, ove recossi a visitare i lavori pel traforo del Sempione.

**L'Illustrazione Italiana, anno XXVII, n. 39**, 30 settembre 1900, in copertina splendido disegno di Arnaldo Ferraguti da fotografie di D. Gelasio Caetani, I lavori della galleria del Sempione - Operai che lavorano all'allargamento del primo scavo. All'interno pag 228 - 230, foto, disegni, testi.

**La Domenica del Corriere, anno III, n. 52**, 29 dicembre 1901, in copertina I grandi lavori del Sempione: gli italiani si recano da Iselle al lavoro nell'interno della galleria (disegno di Achille Beltrame).

**La Tribuna illustrata, anno X, n. 42**, 19 ottobre 1902, in quarta di copertina, Il ministro Balenzano ai lavori della Galleria del Sempione.

**La Domenica del Corriere, anno V, n. 42**, 18 ottobre 1903, in quarta di copertina Disegno di A. Beltrame, che illustra l'apertura della prima galleria sulla linea di accesso al Sempione, fra Arona e Meina: l'incontro degli operai.

**La Domenica del Corriere, anno VII, n. 10**, 5 marzo 1905, in copertina Disegno di A. Beltrame, che illustra l'attacco all'ultimo diaframma all'interno della costruenda galleria del Sempione.

**La Tribuna illustrata, anno XIII, n. 11**, 12 marzo 1905, in copertina, Il traforo del Sempione. La caduta dell'ultimo diaframma. Si notano le tipiche lampade da minatore. All'interno, articolo e planimetria a pag 164-165, con descrizione dell'incidente che causò la morte dell'ing. Bianco

**La Domenica del Corriere, anno VII, n. 28**, 9 luglio 1905, in quarta di copertina, disegno di A. Beltrame, Diligenza svizzera che precipita in un burrone lungo la strada di Briga (Sempione) alla valle del Rodano.

**La Domenica del Corriere, anno VII, n. 44** , 29 ottobre 1905, in quarta di copertina Disegno di A. Beltrame, da fotografie, che illustra La fine dei lavori della galleria del Sempione: l'ultima pietra del rivestimento interno (18 ottobre).

**La Domenica del Corriere, anno VII, n. 50**, 10 dicembre 1905, in quarta di copertina, disegno di A. Beltrame dal vero, Una banda di briganti assalita dai carabinieri, che ne uccisero quattro, in un cascinale in comune di Novara.

Interessante per le suppellettili e l'arredamento del locale, tipici anche dell'Ossola.

**La Tribuna illustrata, anno XIII, n. 16**, 16 aprile 1905, in copertina, Nel cuore del Sempione. L'incontro fra italiani e svizzeri alla Porta di ferro.

- **La Domenica del Corriere**, , 28 gennaio 1906, 22 aprile 1906, in quarta di copertina Esposizione di Milano, con sezione sulla galleria del Sempione.

- L'illustrazione Italiana,**numero speciale di Natale** 1906. Altre immagini

**La Domenica del Corriere, anno VIII, n. 13**, 4 febbraio 1906, in quarta di copertina, disegno di A. Beltrame dal vero, Come si passa adesso, per l'ultimo anno, il Sempione, in attesa dell'apertura della nuova galleria.

- **La Domenica del Corriere**, 18-25 settembre 1910, all'interno articolo su Chavez.

- **Gazzetta del popolo, anno 63, Torino 1910, n. 265** Sabato 24 settembre. Il magnifico volo di Chavez attraverso le Alpi e la sua disgraziata caduta a

Domodossola. Per telefono dal nostro inviato speciale.

... è passato sul colle del Sempione alle 13,48; ha dunque impiegato 18 minuti per valicare il passo. ... si è diretto verso il passo del Monscera ... Le impèrssion di un frate dell'ospizio ... vento quattro metri al secondo, temperatura 6 gradi ...

**L'Illustrazione Italiana, anno XXXVII n. 39**, 25 settembre 1910, in copertina L'assalto aereo al Sempione (Disegno di L. Bompard). Pag 303-309, con 4 illustrazioni a piena pagina su questa storica impresa, che danno anche una idea dell'abbigliamento dell'epoca.
Contadini della Val d'Ossola fanno segnalazioni col fumo in attesa degli aeroplani. A pag 310 divertente aneddoto dell'accoglienza che quattro anni prima ebbero a Briga i primi attraversatori ferroviari del Sempione. Nell'ultima pagina in blu, che normalmente manca, 6 vignette di Biagio sulla traversata delle alpi in aeroplano.

- **La Domenica del Corriere**, 2 - 9 ottobre 1910, in copertina Disegno di A. Beltrame su Chavez.
- **La Domenica del Corriere, anno XV, n. 20**, 18-25 maggio1913, in quarta di copertina, disegno di A. Beltrame, Imprudenze fatali: boemi addetti al circo Sidoli che viaggiando presso Domodossola vanno a fracassarsi il capo contro un ponte.
- **Il popolo dell'Ossola, 3-4 gennaio 1918**, pag 2, Donatori Pro Stella Natalizia ai Soldati Varzesi

**La Domenica del Corriere, anno XXII, n. 3**, 18-25 gennaio 1920, in copertina Disegno di A. Beltrame, Avventure di viaggio invernali. Un treno bloccato in questi giorni, sulla linea del Sempione, dalla caduta di una valanga.

- **Illustrazione del Popolo,9 marzo 1930**,anno X n. 10, pag 3, La galleria del sempione 19055-1930, 9 fotografie in B/N, panorami, lavori di puntello, interessante rappresentazione schematica del sistema di allargamento della Galleria.

**La Domenica del Corriere, anno 53, n.47**, 25 novembre 1951, in copertina Disegno di Walter Molino, Le Catastofi del maltempo. In Val Divedro, un'enorme frana è precipitata sulla strada e sulla ferrovia dal Sempione, travolgendo un casello ferroviario. Sotto la valanga di pietre e di fango sono rimasti sepolti il casellante, due figli e un pastore che si trovava sulla montagna in cerca di alcune pecore smarrite. Si riferisce alla "Frana di San Giovanni". La cosa si è ripetuta nel 1958.

**Illustrazione Ossolana, n. 4**, 1960, pag 7-15. Cronache eccezionali. La seconda edizione di un disastro. La frana di San Giovanni. 5 foto, il racconto dei superstiti, i precedenti storici, una diagnosi.


La maggior parte delle pubblicazioni elencate sono già esaurite, anche le più recenti.

Possiamo suggerire di interpellare per libri recenti La Libreria Grossi, a Domodossola, anche editore di storia locale, e per le edizioni più antiche la rete di librerie antiquarie www.maremagnum.com , piuttosto efficiente e a prezzi calmierati, vista la concorrenza diretta.

# Registrazioni sonore

Riportiamo elenco di registrazioni sonore di canzoni, proverbi, detti e conversazioni di abitanti di Varzo, con padronanza del dialetto, ascoltabili su

http://valdivedro.vecchilibri.eu/registra.htm
Per mantenere il ruolo fondamentale della spontaneità, qualche parte può risultare di cattiva qualità acustica, in quanto non e' stato ritenuto opportuno ricercare la perfezione e nitidezza, facendo ripetere più volte lo stesso brano. Tenete presente che, nelle canzoni, la voce flebile di Cesarina e' stata messa in evidenza tenendo il microfono vicinissimo a lei, e di conseguenza le altre voci rimangono solitamente nello sfondo.

Immaginatevi perciò di essere in una vecchia casa di Varzo ad ascoltare dei discorsi spontanei.

Per ascoltare i brani e' necessario avere installata almeno la versione 7, gratuita, di Real Player, scaricabile con difficoltà (cercheranno di vendervi la versione più recente) dal sito www.real.com o il modernoVLC.

Registrazione effettuata il 10/12/2004 nell'abitazione di Cesarina Ridder. Partecipanti:

Cesarina Ridder, 1916, Irene Salina, 1922, Irma Salina Borello, 1935, Clara (Anita) Felisetti, 1930

Prof Guido Pedrojetta, dell'universita' di Friburg (CH), come moderatore

Rodolfo Pardi, come tecnico del suono.

*Ul vecc d'verun*

Segnalazioni sulle montagne
Il frate confessore
Morosa morta
Là ci sta un'osteria
La pesca dell'anello

Registrazione effettuata nel novembre 2004 nell'abita-
zione di Gina Berrino. Partecipanti:
Gina Berrino,  1921, Irene Salina, 1922,
Scannatibas, vecchio Dvarun
Tre bontemponi dvaroni.

Registrazione effettuata il 10/12/2004 nell'abitazione di
Cesarina Ridder. Partecipanti:
Cesarina Ridder, 1916,Irene Salina, 1922, Irma Salina
Borello, 1935,Clara (Anita) Felisetti, 1930

Mia gentile pastorella
Quando di maggio le ciliege sono nere
Se trona a Bognanc
La faremo seppellire sotto l'ombra di un bel fior

Buon ascolto

# APPENDICI

Il "Savaglio Della Colla Giorgio", da identificarsi con il Giorgio Savaglio autore a Masera nel 1911 del libretto "Vocabolo del Dvarun"

(Della Colla dovrebbe riferirsi alla frazione di Varzo ancora dello stesso nome), nato a Varzo il 28.2.1862 da Savaglio Giuseppe e Paggi Giuseppina. La piu' bella casa de La Colla, ora in fase di ristrutturazione, e' chiamata villa Savaglio.

*Sezione di Domodossola.*     17

## SEZIONE DI DOMODOSSOLA

Via Galletti, 250

COSTITUITA NEL 1869

Soci 88.

### Direzione

PRESIDENTE — Guglielmazzi cav. avv. Antonio.
VICE-PRESIDENTE — Calpini cav. avv. Stefano.
DIRETTORE — Porta Antonio, *Tesoriere.*
Id. — Lavatelli geometra Pier Ambrogio, *Segretario.*
Id. — Guglielmi cav. avv. Agostino.
Id. > — Savaglio Della Colla Giorgio. <
Id. — Tabacco Pompeo.
Id. — Cavalli notaio Giacomo.

### SOCI ANNUALI

Alberti-Violetti avv. Marco, Urbino.
Allasia Gabriele, Varzo.
Amodini cav. not. Vitale, Domodossola.
Antonioli prof. Giovanni, Santa Maria Maggiore.
Asthon prof. Federico, Domodossola.
Battaglieri Cesare, Domodossola.
Bazzetta capit. Giulio, Trecate.
Bazzi Innocente, Domodossola.
Belli Alessio, Torino.
Belli cav. ing. Giovanni, Calasca.
Belli dott. Saverio, Reaglie.
Belli Lorenzo, Torino.
Benussi cav. ing. Luigi, Como.
Bianchetti Enrico, Ornavasso.
Bonardi Giuseppe, Trontano.
Bonardi Paolo Emilio, Trontano.
Bonera Leopoldo, Genova.
Borgnis Francesco, Trecate.
Borgnis Giovanni, Domodossola.
Botta Giuseppe, Milano.
Bozzo Bartolomeo, Vanzone.
Bussi prof. Cristoforo, Domodossola.

Calpini cav. avv. Stefano, Domodossola.
Calpini cav. Zaverio, Vanzone.
Calza Pio, capitano, Domodossola.
Castelli dott. Giovanni, Varzo.
Cavalli cav. avv. Carlo, Parma.
Cavalli notaio Giacomo, Santa Maria Maggiore.
Cavanna Aless., tenente, Domodossola.
Ceretti Ignazio, Viladossola.
Chilli Giuseppe, Ceppomorelli.
Chiossi cav. Giuseppe Giovenale, Domodossola.
Cicoletti geom. Vincenzo, Rumianca.
Conconi Giulio, Milano.
Croppi Edoardo, Masera.
Cotti Antonio, pittore, Masera.
Dal Colle De Bontempi cav. Sebastiano, Domodossola.
Folini notaio Giuseppe, Vanzone.
Fradelizio avv. Carlo, Trontano.
Geddo Francesco, Domodossola.
Ghisoli Bartolomeo, Calasca.
Gilardini Felice, Roma.

*Elenco Soci*     2

# SAVAGLIO



# VOCABOLO

## DEL

# DVERUN

DOMODOSSOLA
TIPOGRAFIA PORTA
—
1911

# Avis

Je ne prétends pas d'avoir fait une
oeuvre avec ceci, j'ai voulu seulemnt re-
cuellir ce qu'il m'a été possible du vieux
dialecte que nos anciens emplyaient, pour
ne pas se laisser comprendre par les autres.

Georges Savaglio

*Masera, le 31 décembre 1910.*

# AVIS

Je ne prétends pas d'avoir fait une œuvre avec ceci, j'ai voulu seulement recueillir ce qu'il m'a été possible, du vieux dialecte que nos anciens employaient, pour ne pas se laisser comprendre par les autres.

GEORGES SAVAGLIO.

*Masera, le 31 décembre 1910.*

# MUNTCITT E PLEUT

| | | |
|---|---|---|
| Alsceüt | lülük | les hiboux |
| Alpianch | get | les chats |
| Arscegn | invidiüs | jaloux |
| Balmella | bambii | |
| Bartuii | ciaii | chiens |
| Basseugn | durmigiuii | dormeurs |
| Cattagna | mauri | fumé, moqueurs |
| Colla | affümei, scargnert | |
| Fontana | scett | crapauds |
| Inautrengiul | armunduch | saletées |
| Inreüss | garülf | etrangers |
| Lüvreugna | giudeii | juifs |
| Sopra Luvreugna | bramuseii | |
| Naunerr | povar untüs | pauvres honteux |
| Porta | sciori | riches |
| Prôvv | avuchett | avocats |
| Salé | tciaiür | lieux d'aisance |
| Stangiul | arziei | ortillés |
| Tcieungia | ganass | machoires |
| Turiggia | cavaii | chevaux |
| Varsch | vezz | gens de mauvaise foie |

# A

| Adieu | nei in bonora | addio |
|---|---|---|
| Agacer | sgiaii | irritare |
| Allemand | plufar, *m.* | tedesco |
| Aller lieux d'ai-sance | tarti, *m.* | andare al cesso |
| Altèré, soif | arsiov, *m.* | sete |
| Argent, monnaie | peltar, *m.* | moneta d'argento |
| Armoire cuisine | schilera, *f.* | credenza di cucina |
| Assez | asbak | basta |
| Auberge | bettla, *f.* | osteria |

# B

| Barbotter | tzafieut, *m.* | ciarlone |
|---|---|---|
| Bâton | tacar, *m.* | bastone |
| Bavard | ganassa, *f.* | ciarlone |
| Beau | fratt, *m.* | bello |
| Belle | fratta, *f.* | bella |
| Bête | bücth, *m.* | ignorante |
| Beurre | biôtt, *m.* | burro |
| Bière | sleizza, cifotta, *f.* | birra |
| Boire | scabiè, lapè | bere |
| Bon | fratt, *m.* | buono |

m

— 8 —

| Bonne | fratta, *f.* | buona |
|---|---|---|
| Bon marché | bun a loi | buon mercato |
| Bouche | zaffa, *f.* | bocca |
| Boucher | biosciatt, *m.* | macellaio |
| Boutique | scapitola, *f.* | bottega |
| Brulé | tciuffovv, *m.* | bruciato |

## C

| Café | brüsett, *m.* | caffè |
|---|---|---|
| Canne | tacar, *m.* | bastone |
| Carabinier, gendarme | rozett, scascia | carabiniere |
| Carreau papier | stamegna, *f.* | carta uso vetro |
| Chapeau | burieul, miosciat | cappello |
| Chat | garolf, *m.* | gatto |
| Chataignes crues | bragoll, *f.* | castagne crude |
| Chataignes cuites à l'eau | plozz, *f.* | castagne cotte nell'acqua |
| Chemise | landrina, *f.* | camicia |
| Cher | tevi | caro prezzo |
| Cheval | reuzz, *m.* | cavallo |
| Cheveux | sblinder, *m.* | capelli |
| Chien | pzineul, m. | cane |
| Chocolat | zuccul, *m.* | cioccolata |
| Cigare | sucia, *f.* | sigaro |
| Compassion | stciansgia | compassione |
| Coups | varlerr, f. | botte |
| Cuillère | pala, *f.* | cucchiaio |
| Cuir pour boire | tabarotta, *f.* | barchetta per bere |

# D

| Dèche, sans argent | alâss | boletta |
|---|---|---|
| Dégoûtant | affarr | ribrezzo |
| Déguisé | maiareuth, *m.* | maschera |
| Demander l' aumône | tôtscia, *f.* | limosina |
| Derrière de la personne | canal, miter, *m.* | didietro |
| Dettes | grim | debiti |
| Diable · | barteul, bargnif | diavolo |
| Dormir | patinè, *m.* | dormire |
| Dormir, reposer | stufilo, m. | dormire, riposare |
| Dos | darneutz, *m.* | schiena |
| Dur | stagn | duro |

# E

| Eau | leiza, *f.* | acqua |
|---|---|---|
| Equelle | ciapun, *m.* | scodella di legno |
| Etain | peltar, *m.* | stagno |
| Etameur | palating, *m.* | stagnaio |
| Etranger, drôle | garolff, *m.* | forestiere da dubitare |
| Escrement | greffa, sghinga, *f.* | escremento |

# F

| Faim | geuzza, sgueuzza | fame |
|---|---|---|

— 10 —

| Fainéant | pajartoss, *m.* | poltrone |
|---|---|---|
| Faire attention | da albüsch | fare attenzione |
| Faire le malin, bête | offi, *m.* | goffo |
| Faux plastron | büsgett, *m.* | falso davanti |
| Femme legère | stcianca, blina, *f.* | donna leggera |
| Femme mariée | grêta, *f.* | donna maritata |
| Femme riche | ciül da terra, *f.* | donna ricca |
| Femme de ville | squitta, scaja, *f.* | donna di città |
| Femme mauvaise conduite | plôzza, *f.* | donna di cattiva condotta |
| Femme sâle | sciozza, *f.* | donna sporca |
| Ferblantier | farlustciatt, *m.* | lattaio |
| Feux | rüff, *m.* | fuoco |
| Fille | fanzella, *f.* | damigella |
| Fin | gieuzz, *m.* | fino |
| Fort | jock, *m.* | forte |
| Fondre métal | sbarti | fondere metallo |
| Fouet | scuriatt, *m.* | frusta |
| Fou | foscht, *m.* | matto |
| Fromage | stafel, *m.* | formaggio |
| Franc, monnaie | bzella, *f.* | moneta, una lira |
| Français | fauscett, *m.* | francese |
| Fusil | tuff, *m.* | schioppo |

**G**

| Gendarmes | rüzzett, scacia, *m* | carabinieri |
|---|---|---|

**H**

# I

| | | |
|---|---|---|
| Imbecile | tavarita | goffo |
| Ivre | veisch, slimbar | ubbriaco |

# J

| | | |
|---|---|---|
| Joue | giozza, *f.* | guancia |

# K

# L

| | | |
|---|---|---|
| Langue mauvaise | lanfazza, *f.* | cattiva lingua |
| Lèvres | barleffi, *m.* | labbra |
| Lieux d'aisance | tartissor, tciaior | cesso |
| Lit | patign, *m.* | letto |
| Litre | bucal, m. | litro |
| Longue-vue | lostcior, *m.* | cannocchiale |

# M

| | | |
|---|---|---|
| Maison | creuggia, *f.* | casa |
| Malfait, malade | malstrangch | malfatto, malato |
| Manger | tzaclè, *m.* | mangiare |
| Marcher sans dé-cision | tzaronne | passeggiare senza scopo |
| Mauvaise humeur | arulovv, *m.* | cattivo umore |

| | | |
|---|---|---|
| Marchand de vin | bettla, *f.* | osteria |
| Mariés | mazzûtcei, *m.* | maritati |
| Mensonger | fiûttlan. *m.* | menzognero |
| Menteur | busgett, m. | mentitore |
| Mer | pozz, *m.* | mare |
| Mère | muma, *f.* | madre |
| Messe | piazzola, *f.* | messa |
| Monnaie cuivre | borr | moneta di rame |
| Montre | orleuri | orologio |
| Mourir | sbarti | morire |

## N = O

## P

| | | |
|---|---|---|
| Pain | strübi, *m.* | pane |
| Paletôt | bincetta, *f.* | soprabito |
| Pantalon | mandôzla, *f.* | pantalone |
| Papier | pataffi, *m.* | carta |
| Parler | stanzè | parlare |
| Parler dialefte | creuss | parlare dialetto |
| Pas grand chose | bella laffa, *f.* | poca cosa |
| Patron | baudreuch, *m.* | padrone |
| Patronne | baudreuggia, *f.* | padrona |
| Pauvre | pitun, *m.* | povero |
| Payer | tciopa anda | pagare |
| Payé | schioo | pagato |
| Paysan | tâcar, *m.* | campagnuolo |
| Père | attan, *m.* | padre |

— 13 —

| | | |
|---|---|---|
| Pet | strajun, *m.* | petto di ventre |
| Peur | fuffa, *f.* | paura |
| Peureux | caga rüff, *m.* | pauroso |
| Pieds | stceutz, *m.* | piedi |
| Pierre | burlun, *m.* | pietra |
| Pipe | ciorgna, *f.* | pipa |
| Pleurer | putli | piangere |
| Polente | fluck, *f.* | polenta |
| Plomb | barlozza, f. | piombo |
| Poisson de Tra-squera | manza, *f.* | manza |
| Pommes da terre | balott, *f.* | patate |
| Poseur | teja | posatore |
| Potage | bazuffia, *f.* | minestra |
| Potier d'étain | stciürtel, *m.* | stagnaio |
| Pou | tibas, *m.* | pidocco |
| Prêtre | cafi, *m.* | prete |
| Prison | camuffa, *f.* | prigione |
| Promener sans motif | tavanantan | passeggiare senza scopo |

## Q

## R

| | | |
|---|---|---|
| Regard | lostcia | sguardo |
| Richard | stark, scajun | ricchissimo |
| Riche | stark | ricco |
| Roi | lapagett, *m.* | re |

## S

| Français | Dialetto | Italiano |
|---|---|---|
| Sage femme | sfottoria, *f.* | levatrice |
| Sàle | brodi | sporco |
| Sans argent, dê-che | alass | senza danari |
| Sein | mosciui | seno |
| Sel | torfa, *f.* | sale |
| Servante | ciaviggia, *f.* | serva |
| Soldat | bajetta, *m.* | soldato |
| Soudure | schilera, *f.* | saldatura |
| Souliers | grului, beudass | scarpe |
| Soustraire | sgarattè | sottrarre |
| Sucre | tzüciar, *m.* | zucchero |

## T

| Français | Dialetto | Italiano |
|---|---|---|
| Tabac à fumer | busull, *m.* | tabacco da fumo |
| Tabac à priser | fufa, *f.* | tabacco da naso |
| Tailleur | scanna, *m.* | sarto |
| Taisez-vous | stanza grola | tacete |
| Tête | crapa, *f.* | testa |
| Tonneau | caret, *m.* | botta |
| Toqué | batta la barlocca | matto |
| Traivailler | bôzè | lavorare |

## U

| Français | Dialetto | Italiano |
|---|---|---|
| Uriner | sfiongé | orinare |

— 15 —

# V

| Ventre | beutcia, *f.* | ventre |
|---|---|---|
| Verre à boire | giasciun, *m.* | bicchiere |
| Viande | bioscia, *f.* | carne |
| Viande de Tra-squera | pess di Trasquera | vitello |
| Vieille | croffa, *f.* | vecchia |
| Vieux | creuff, *m.* | vecchio |
| Ville | bolla, *f.* | città |
| Vin | scabi, *m.* | vino |
| Voisin | giatt, *m.* | vicino |
| Voler | furfi | rubare |
| Voyageur | tmaginatt, *m.* | viaggiatore |

*U* ordinaire en italien se prononce comme si c'était *ou* en français.

*Ü* avec trema se prononce comme en français.

## AVISS

A pretendi mia, con quest d'avè facc un cap lavor. A io aussu fe solament una raccolta d'ul vecc d'verun, che i neust creuf stanziavign tra da lor per mia fass capi d'aieut.

GIORGIO SAVAGLIO.

*Masera, li 31 dicembre 1910.*

## AVISS

A pretendi mia, con quest d'avé facc
un cap lavor. A io aussu fe solament una
raccolta d'**ul vecc d'verun**, che I neust
creuf stanziavign tra da lor per mia fass
capì d'aieut.

GIORGIO SAVAGLIO

*Masera, li 31 dicembre 1910*

# A

| | | |
|---|---|---|
| Affarr | dégoùtant | sporco |
| Alâss | dèche, sans argent | miseria |
| Areii, *m.* | garçon | ragazzo |
| Arulovv | mauvaise humeur | cattivo umore |
| Arşiov, *m.* | altèré, soif | sete |
| Asback | assez | basta |
| Attan, *m.* | père | padre |
| Auniscia, *f.* | metal, argent | metallo, argento |

# B

| | | |
|---|---|---|
| Bajetta, *m.* | soldat | soldato |
| Balott, *f.* | pommes de terre | patate |
| Baudreuch, *m.* | patron | padrone |
| Baudreuggia, *f.* | patronne | padrona |
| Barlocca (batta la) | toqué | pazzo |
| Barteul, *m.* | diable | diavolo |
| Bazuffia, *f.* | potage | minestra |
| Barleffi, *m.* | lèvres | labbra |
| Bella laffa | pas grand chose | poca cosa |
| Bettla, *f.* | marchand de vin | osteria |
| Beutcia, *f.* | ventre | ventre |
| Beudâss, *m.* | souliers | scarpe |

| | | |
|---|---|---|
| Bintcetta, *f.* | paletôt | marsina |
| Bintcial, *m.* | grenier | granaio |
| Bioscia, *f.* | viande | carne |
| Biosciat, *m.* | boucher | macellaio |
| Biôtt, *m.* | beurre | burro |
| Bozè | travailler | lavorare |
| Bolla *f.* | ville | città |
| Borr | monnaie cuivre | moneta di rame |
| Bragoll, *f.* | chataignes | castagne |
| Brodi | sâle | sporco |
| Bugett, *m.* | menteur | mentitore |
| Bun a loii | bon marché | buon mercato |
| Busul, *m.* | tabac | tabacco |
| Büch, *m.* | bête, imbecile | goffo |
| Brüsett, *m.* | café | caffè |
| Burieul, *m.* | chapeau | cappello |
| Burlun, *m.* | pierre | pietra |
| Bzella, *f.* | un franc | una lira |

## C

| | | |
|---|---|---|
| Caciuffa, *f.* | polenta | polenta |
| Caffi, *m.* | prêtre | prete |
| Caga ruff | peureux | pauroso |
| Camuffa, *f.* | prison | prigione |
| Canal, mitar, *m.* | derrière de l'homme | di dietro dell'uomo |
| Carêt, *m.* | tonneau | bonza |
| Cifotta, *f.* | bière | birra |
| Ciopa anda | paye | paga |

| | | |
|---|---|---|
| Ciajor, *m.* | lieux d'aisance | cesso |
| Ciaffar, *m.* | garde champêtre | guardia forestale |
| Ciaviggia, *f.* | servante | serva |
| Ciapun, *m.* | equelle, plat | scodella, piatto |
| Cigè, *f.* | cuillère | cucchiaio |
| Ciorgna, *f.* | pipe | pipa |
| Crapa, *f.* | tête | testa |
| Creuff, *m.* | vieux | vecchio |
| Creuggia, *f.* | maison | casa |
| Creuss | parler dialette | parlare dialetto |
| Croffa, f. | vieille | vecchia |

## D

| | | |
|---|---|---|
| Da albüchs | fais attention | fa attenzione |
| Darneutz, *m.* | le dos | schiena |

## E

| | | |
|---|---|---|
| Eurch | pas malin | goffo |

## F

| | | |
|---|---|---|
| Fanzella, *f.* | fille | figlia |
| Farlustciatt, *m.* | ferblantier | lattaio |
| Fauscett, *m.* | français | francese |
| Fiütlan, *m.* | mensogner | mentitore |
| Fluck, *f.* | polente | polenta |
| Fosct, *m.* | toqué | matto |

— 22 —

| | | |
|---|---|---|
| Fratt. *m.* | beau, bon | bello, buono |
| Fratta, *f.* | belle, bonne | bella, buona |
| Futam ul runzign | fiche moi le camp | vattene via |
| Fufa, *f.* | peureux | pauroso |
| Fuffa, *f.* | tabac à priser | tabacco da naso |
| Fufatt, *m.* | peureux | pauroso |
| Furfiorr, *m.* | voleur | ladro |

G

| | | |
|---|---|---|
| Ganassa, *f.* | bavard | ciarlone |
| Garolf, *m.* | chat | gatto |
| Garolff. *m.* | étranger | straniero |
| Geuzza, *f.* | faim | fame |
| Giasciun, *m.* | verre à boire | bicchiere |
| Giatt, *m.* | voisin | vicino |
| Giozza, *f.* | joue | guancia |
| Giüzz, *m.* | fin, malin | furbo, goffo |
| Greffa, *f.* | escrement | escremento |
| Grêta, *f.* | femme mariée | donna maritata |
| Grim | dettes | debiti |
| Grului, *m.* | souliers | scarpe |

H - I

J

| | | |
|---|---|---|
| .Jock | fort | forte |

## K

## L

| | | |
|---|---|---|
| Landrina, *f.* | chemise | camicia. |
| Lanfazza, *f.* | mauvaise langue | cattiva lingua |
| Lapa, *f.* | boire | bere |
| Lapagett, *m.* | roi | re |
| Leiiza, *f.* | eau | acqua |
| Lostcia, *f.* | regarde | guarda |
| Lostcior, *m.* | longue vue | cannocchiale |

## M

| | | |
|---|---|---|
| Maiareuth, *m.* | deguisé | maschera |
| Malstranch | malfait, malade | indisposto |
| Mandozla, *f.* | pantalon | pantalone |
| Mazuceii | mariés | maritati |
| Mazza, *f.* | tête | testa |
| Mosciui | sein | seno |

## N

| | | |
|---|---|---|
| Nei in bonora | adieu à la providence | addio |

## O

| | | |
|---|---|---|
| Offi, *m.* | faire le malin | fare il goffo |
| Orleuri, *m.* | montre | orologio |

— 24 —

## P

| | | |
|---|---|---|
| Pâla, *f.* | cuillère | cucchiaio |
| Palatin, *m.* | etameur | stagnatore |
| Pataffi, *m.* | papier | carta |
| Patign, *m.* | lit | letto |
| Patiné, *m.* | dormir | dormire |
| Paiartoss, *m.* | faineant | poltrone |
| Peltar, *m.* | argent monnaie | moneta d'argento |
| Peltar, *m.* | etain | stagno |
| Peltratt, *m.* | potier d'etain | stagnaio |
| Pes da Trasquera | genisse, veau | manza, vitello |
| Piazzola, *f.* | messe | messa |
| Pitun, *m.* | pauvre | povero |
| Plozza, *f.* | femme sans conduite | donna di cattiva condotta |
| Plozz, *f.* | chataignes cuites à l'eau | castagne cotte nell'acqua |
| Plufar, *m.* | allemand | tedesco |
| Putli, *m.* | pleurer | piangere |
| Pozz, *m.* | mer | mare |
| Pzineul, *m.* | chien | cane |

## Q

## R

| | | |
|---|---|---|
| Reuzz, *m.* | cheval | cavallo |
| Rüzett, *m.* | gendarmes | carabinieri |

— 25 —

## S

| Sbarti | fondre métaux | fondere metalli |
| Sblinder, *m.* | cheveux | capelli |
| Scabi | vin | vino |
| Scabiè | boire | bere |
| Scanna | tailleur | sarto |
| Scapitola, *f.* | boutique | bottega |
| Sceuzz, *m.* | pieds | piedi |
| Sciozza, *f.* | femme sâle | donna sporca |
| Schioo, *m.* | payer | pagare |
| Scajun, *m.* | richard | riccone |
| Schilera, *f.* | buffet de cuisine | credenza di cucina |
| Scuriat, *m.* | fouet | frusta |
| Sfiongè | uriner | orinare |
| Sfottoria, *f.* | sâge femme | levatrice |
| Sgarattè, *m.* | soustraire | sottrarre |
| Sgueuzza, *f.* | faim | fame |
| Sgiaii | agacé | irritare |
| Sghinga, *f.* | escrement | escremento |
| Slimbar, *m.* | ivre | ubbriaco |
| Sleca, *f.* | soudure | saldatura |
| Sleiizza, *f.* | bière | birra |
| Squitta, *f.* | femme de ville | donna di città |
| Stafel, *m.* | fromage | formaggio |
| Stagn, *m.* | dur | duro |
| Stagn, *m.* | etain | stagno |
| Stamegna, *f.* | carreau de papier | vetro di carta |
| Stanza grola | attention à parler | attenzione a parlare |

— 26 —

| Stcialitt, *m.* | centimes | centesimi |
| Stark, *m.* | riche | ricco |
| Stcianca, *f.* | femme legère | donna allegra |
| Stciansgia | faire compassion | fare pietà |
| Strübi, *m.* | pain | pane |
| Stüfile, *m.* | dormir, reposer | dormire, riposare |
| Sücia, *f.* | cigare | sigaro |

## T

| Tartissor, *m.* | lieux d'aisance | cesso |
| Tavanantan | promener sans but | passeggiare senza motivo |
| Tavarita | imbecile | goffo |
| Tafiula, *f.* | polente | polenta |
| Teja, *f.* | poseur | posatore |
| Tibas, *m.* | pou | pidocchio |
| Torfa, *f.* | sel | sale |
| Tciül da terra | femme riche | donna ricca |
| Tciurtel, *m.* | potier d'etain | peltraio |
| Tciüffovv, *m.* | brulé | scottato |
| Tmaginat, *m.* | voyageur | viaggiatore |

## U

## V

| Varlerr, *f.* | coups | colpi |
| Veisch, *m.* | ivre | ubbriaco |

## Z

| Zaclè | manger | mangiare |
| Zaffa, *f.* | bouche | bocca |
| Zaffiottè, *m.* | barbotter | brontolare |
| Zaronn | se promener sans but | passeggiare senza motivo |
| Züciar, *m.* | sucre | zucchero |
| Zuccul, *m.* | chocolat | cioccolato |
| Züffè, *m.* | gagner | guadagnare |

*U* ordinario si pronuncia come di consueto.

*Ü* con due punti sopra si pronuncia come in tedesco che non si pronunzia in italiano, ma poco presso come dicono i carrettieri ai loro cavalli per farli andare : *ü*.

*EU* si pronuncia come l'*ö* tedesco : *eu* insieme.

# D'AVINO

Anche qui, da una fotocopia del manoscritto.

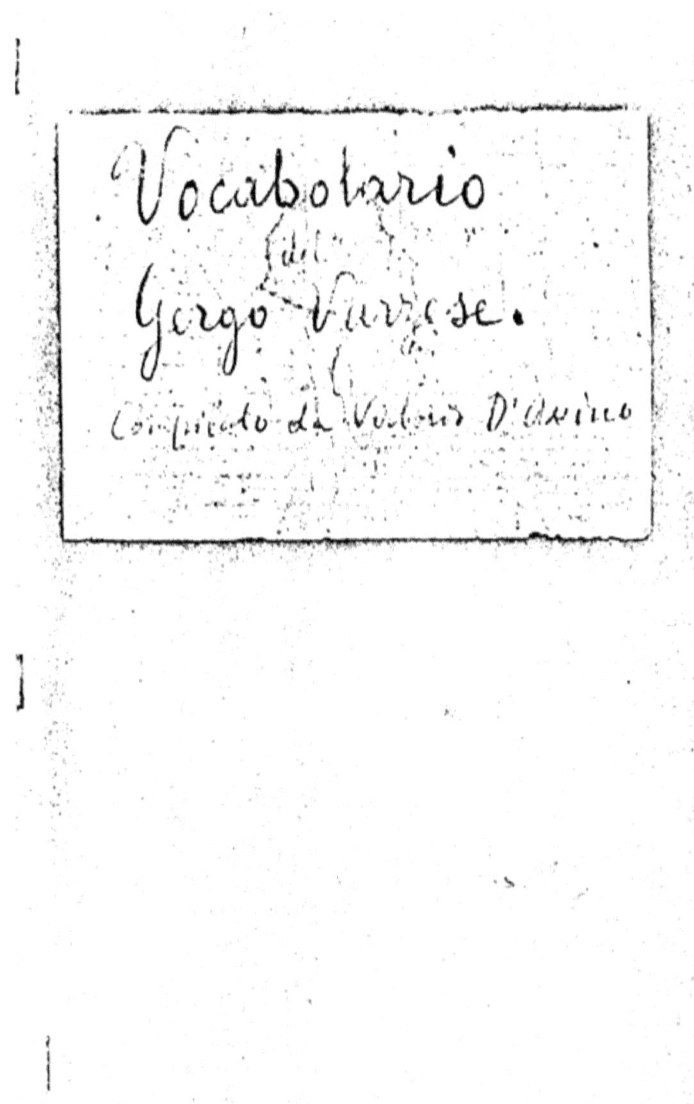

Vittorio D'Avino,

Glossario
Gergale
ossia
Gergo dei calzolai e
dei lattonieri
Varzesi
emigrati in Isvizzera
e nel Basso Piemonte

Compilato per il bailivre Varzese
Albino Moussini:

cibarie - frutti.
e utensili casalinghi

| | |
|---|---|
| Biot - burro | biüsül - tabacco |
| Stafél - formaggio | brusét - caffé |
| bifóta - birra | bzéla - lira |
| scübi - vino | frutt - eccellente |
| leiza - aqua | ghenza - fame |
| fluck - polenta | plozz - castagne |
| bazurfia - minestra | pala - cucchiaio |
| zafiöt - castagne | alba - acqua con la |
| balöt - patate (piccole) | rastlina - uva |
| turfosa - insalata | cravasai - fasöi |
| torfà - sale | bilachit - fichi |
| bioscia - carne | iacani - pomo |
| bragol - castagne | sursiit - pesche |
| | strubi - pane |

skeiiza - bi a
gretos se ciàa } druna grasse

Mestieri e professioni
e qualità.

Stark - ricco

Sbiancia - donna
  o Blum leppra

Caravita - sciocco

Büül da tira
  donna ricca

Biscütit - stagnino
  latin

Vcisc - ubriaco

Mazücci - mari-
  tati.

Palatin - stagnino

Paiartöss - poltron

Rüzzct - carabinier

Osè - furbo
  civetta.

Blözza - mala
  o femmina

Pfeifer - tedesco

Cafi - prete

Büriöl - vescovo

Cagaruff - pauroso

Biavigia - saliva

Cröff - vecchio

Bröffa - vecchia

Orch - grosso

Farlüstciat - lattonier

Ciafar - guardia

Fausect - francese

Fausia - Francia

Fiullan - cantastrie

Sgarialeiza - fomma
  cristi.

## Vestiario e arredi,

| | |
|---|---|
| Mandózla - calzoni | Brodi - ~~sed̶è̶~~ bronzo |
| Pala - cucchiaio | Binetta - giucca |
| Patäfi - carte. | Greffa - escrement. |
| Patign - letto | Giasciun - tiedhive |
| Patiné - dormire | Grimm - d titi. |
| orlöri - orologio. | Landrina - camicia |
| Ciorgna - pipa | Lapa - il brre |
| brögia - casa | Scapilla - bottega |
| Carè - botte | Bröss - ~~paese~~ dialetto di tra |
| biaiör - assio | Stameng - cartelle titoli. valor |
| biopun - scodella | Bsela - lira |
| Arniscia - argento | Sucia - sigaro |
| Psödass - scarpe | Jucull - cioccolat. |
| Borr - monete | Jirului - scarpe |

## Corpo umano

Böngia - ventre
Lotseia - sguardo
Ganasa - ganascia (dialetto)
Giozza - guancia (dialetto)
Lusnitt - occhi
Zarei - coglioni (testicoli)
Mitar - culo
sciötzz - piedi
pliscia - pelle
Canal - deretano
Crapa - testa
Lunghè - collo
Chili - le gambe
Varnötz - schiena

Mazza - testa
Moscini - mammelle
tsàfa - bocca
Sblinder - capelli
sfionsgè - pisciare
sginga - escremento (merda)
Scuzz - a piedi nudi (dialetto)
Sclimbar - ubriaco
tsaclè - mangiare
Grepèll - mani
Zava - forfora
Lanfazza - linguaccia

Mestieri - professioni -
e qualità.

Scaia - signora
Scaiun - riccone.
Gratapatufi - segretario.
Lama - puttana
Scanatibas - sarto
Marse - sindaco
Baudröcc - padrone
Baudrogia - padrona
Lapagit - il Re.
Greta - moglie
Ciaputina - giovane sposa
Baieta - soldato
Maiarött - pantofolaia / maschera.

Atün - padre / dialetto.
Bartöl - diavolo.
Bücc - sciocco
Sfotoria - tessitrice
Sguitta - donna / cittadina
Bairün - malvestito
Sbartì - fondere metalli
Scapitola - bottega
Steca - saldatura

Animali.

• Psignöl - cane
Ciarin - lucciola
• Garölf - gatto
trapugera - ~~salamandra~~ talpa
Piciotabosc - picchio
Lapta - lucertola - dialett
vel - vitello. - dialett,
puvula - farfalla dialett
börda - montone - dialett
furdunal - scarabeo dialett
avii - api, dialett
Rasariola - salamandra.
dialett
• Rözz - cavallo.

*Azioni.*

Intascè - capire.

Scarfunè - ridere.

Mazuciass - infreddarsi.

Stanza grola - fa attenzione a
quel che dici.

Stüfilè - dormire

tsafiutè - tartagliare.

Nè a la majarota - andare alla
cerca per Natale - o per Carnevale

*Ul vecc d'verun*

# Quaderno fonologico

## Estratto

Quaderno fonetico no. 105

| | 1. Domodossola 1900 | 2. Varzo 1903 | 3. Varzo 1900 |
|---|---|---|---|
| pace | paṣ' | Pas | paṣ |
| trave | trau (m.) | Traḷḷ... | traḷḷ (m.) |
| chiave | ćaṿ | ciaṿ | ćaḷ |
| scala | s'kala | [illegible] | śćála |
| sale | sal (f.) | sa... | sal |
| amaro | naṛ | Mar | naṛ |
| portare, -rlo, ecc. | purtá purtál | ...é -puatál | purté purtálḷ |
| port. -a, -i, -e | [illegible] | Portöü -á -ći -á | purtöz -áḷ -ći -á |
| ramo | ram (m.) | Ram-Caram (...) | ram (róma...) |
| mano | man | Man | man |
| piano | pian | Pian | pian |
| rana | rana | Rana | rána |
| casa | ća | [illegible] | ća |
| naso | naṣ' | Yaṣ | naṣ |
| lago | laṣk | Laʒ | lảʒi |
| lumaca | l'umaga | Lümaia | lumáʒia |
| verità | veritá | ...ba véra | varitá |
| matadà (= pazzia) | (pazia, balurdaria) | Balurdaria-Busiaria | (balurdaria, büsaria) |
| lavatis | lavéi | Lavei | lavei (mih = lavate!) |
| lav. -a, -at, -ammo, -aват | | | laf laif lava-lavṣm — lavin |
| cognato | küñá (m.), küñáḷḷ (f.) | Ciüʒ... | ćüñöẓ ćüñá |

Informatore: Carutti Giovanni, nato a Domodossola, e ivi sempre vissuto, nel 1855

# Paola Fenizi

In questo periodo di riscoperta e valorizzazione del dialetto, per quanto riguarda Varzo, ho avuto la fortuna di rintracciare una tesi del 1968 ad opera di **Paola Fenizi**, dal titolo **"Il dialetto della val Divedro"**, 260 pagine. E' una pubblicazione importante, perché riempe il vuoto sulla materia nel periodo tra il quaderno fonologico di Varzo di fine '800 (primo documento conosciuto) fino alla data della tesi: in questo lasso di tempo mi risulta esista l'atlante AIS (che ha considerato però solo Trasquera), il primo lavoro del Contini del 1932 (che tuttavia analizzava un'antica serie di vocaboli, da lui considerata gergo, che niente hanno in comune con la parlata normale), un opuscoletto del Savaglio e un manoscritto del D'Avino, questi ultimi ancora sul gergo.

La tesi della Fenizi, dedica il capitolo V a questo "pseudo gergo", confortata dall'intervista fatta al dottor Mazzurri, ex medico di Trasquera, uno degli intervistati dal Contini.

Per quanto riguarda invece la parte principale, si tratta di di una trattazione molto specialistica, 140 pagine sulle 260 totali sono dedicate a trascrizione fonetica, fonologia e morfologia, 20 al lessico (un dialogo, una leggenda e l'usuale parabola del figliol prodigo), 35 pagine al glossario. Nelle conclusioni, esamina la teoria della ladinità, legata alla palatizzazione della c, e della g.

Allegata la tavola V che mostra il territorio coperto dalla ricerca, paragonato a quello dell'atlante AIS, la tavola VI rappresentante il triangolo vocalico tipico, e la tavola VII le consonanti.

Rappresenta in definitiva un importante documento di riferimento, consultabile presso la biblioteca di Domodossola, alla quale è stata data una delle due copie restanti.

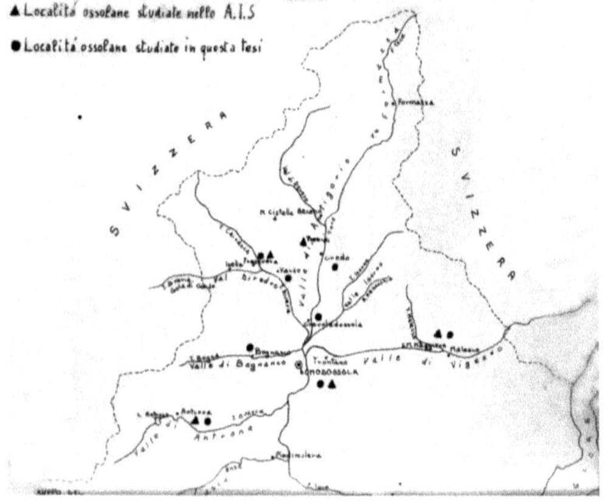


▲ Località ossolane studiate nello A.I.S
● Località ossolane studiate in questa tesi
SVIZZERA
SVIZZERA
DOMODOSSOLA
Valle di Bognanco
Valle Antrona
Valle di Vigezzo

*Ul vecc d'verun*

UNIVERSITA' DEGLI STUDI DI MILANO

FACOLTA' DI LETTERE E FILOSOFIA

# IL DIALETTO DELLA VAL DIVEDRO

TESI DI LAUREA
di
Paola FENIZI

RELATORE
Ch.mo Prof.
Vittore PISANI

**ANNO ACCADEMICO 1968-1969**

Omaggio alla Biblioteca Civica
"Contini" di Domodossola
Paolo Ferni

Omegna 23/07/2010

# I N D I C E

## IL GERGO

Nella Valle Divedro, come in alcune altre vallate ossolane,

(Valle Antrona, Valle Anzasca, Valle Vigezzo) oltre al Dia-

letto si parla, o meglio di parlava anche un *gergo*.

Questo gergo era usato dagli abitanti di Varzo e Trasquera

emigrati a Parigi, in Savoia, in Svizzera (particolarmente

nel Cantone di Vaud, nella Gruyère e nel Giurà), dove era-

no in prevalenza magnani o negozianti di stoffe, e da quelli

emigrati nel basso Piemonte (Carmagnola ed il Monferrato:

Alba, Canale, Asti), dove erano specialmente negozianti di

ferramenta e ciabattini.

La costituzione di questa parlata, risale al Secolo XVII (1)

---

(1) Il Professore CONTINI, che ha scritto "Note di gergo Var

zese" fa invece risalire la costituzione di questo gergo

a tempi più recenti, e cioè a poco più di un secolo fa;

in coincidenza con l'apertura della via napoleonica che

facilità le migrazioni.

circa, quando i primi gruppi di emigranti si stanziarono

nel basso Piemonte, ed il suo incremento risale a poco più

di un secolo fa, quando l'apertura della via napoleonica

del Sempione accrebbe in modo imponente il fenomeno migra

torio.

L'ampiezza del patrimonio gergale prova che era parlato da

colonie numerose e solide.

Il suo uso ha ormai ceduto per gran parte a quello francese

o del piemontese anche nelle relazioni fra compaesani, ec-

cetto dove, come a Parigi, lo si tiene in vita per scrupolo

di serbare tradizione.

A Varzo ed a Trasquera sono molto pochi coloro che sono con-

sci della presenza di questa parlata accanto al dialetto.

Molti vocaboli del gergo sono passati al patrimonio dialet-

tale e sono ritenuti soltanto appartenenti ad uno stadio più

antico del dialetto.

./.

Il Professore CONTINI ha raccolto molte voci del gergo ed

io ho voluto ricontrollarle proprio con uno dei suoi infor-

matori: il Dott. Gaudenzio MAZZUREL, residente a Varzo.

Secondo questa persona molti sono i vocaboli che non fanno

parte del gergo, ma che il CONTINI ha trascritto per scru-

polo in quanto i parlanti avevano la coscienza di adopera-

re un gergo.

Essi sono:

aníši            = bambino

betla            = osteria

binčeta          = giacca

burlúm           = sasso

bušét            = finto petto di camicia

                   (propriamente bugiardo)

./.

# TRASCRIZIONE FONETICA

Il sistema di trascrizione adottato è quello della "Carta dei dialetti italiani".

Le vocali di sillaba fortemente accentuata sono indicate con l'accento acuto (á, é ...), le parole piane non hanno alcuna indicazione d'accento.

Il suono vocalico indistinto è indicato con ə

Il triangolo vocalico tipico è quello indicato nella Tav.VI a

Da notare che:

- un punto sottoscritto indica la vocale chiusa o stretta.

- due punti sottoscritti indicano la vocale molto chiusa.

- un gancio aperto verso destra (e, o) sottoscritto indica la vocale aperta o larga.

- una lineetta sottoscritta indica la vocale molto aperta.

- due puntini soprascritti caratterizzano la serie dei suoni vocalici turbati o palatalizzati (ä, ö, ü....).

— 58 —

Le consonanti, riunite nella Tav. VI b, sono così distinte:

- invertite: ṭ, ḍ  come nel siciliano kavaḍḍu

- prepalatali: ć, ǵ  come nel friulano ćaşe, ǵal

- mediopalatali: č, ǧ  dell'italiano cinema, giro

- postpalatali: č, ǧ  dell'italiano čave = chiave, ǧanda = ghianda

- velari: k, g  dell'italiano kane = cane, gatto

- affricate dentali: z ʒ , vizio, zanzara

- nasali velari:   ṅ  del siciliano saṅṅu

- nasali palatali:   ń  dell'italiano bańńo (bagno)

- laterale palatale: l'  dell'italiano eĺĺi (egli)

- sibilanti dentali: ş, S di caSa, caSo.

———

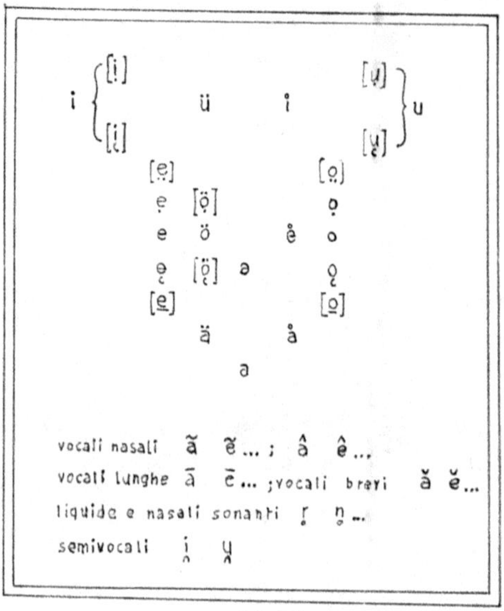

vocali nasali  ã  ě... ;  å  ê...
vocali lunghe  ā  ē... ; vocali brevi  ă  ě...
liquide e nasali sonanti  ṛ  ŋ̩ ...
semivocali  i̯  u̯

TAV. VI

| | occlusive o momentanee | | | | affricate | | nasali | vibranti | laterali | fricative | | sibilanti | |
|---|---|---|---|---|---|---|---|---|---|---|---|---|---|
| | pure | | schiacciate | | | | | | | | | | |
| | sr | sn | sr | sn | sr | sn | | | | sr | sn | sr | sn |
| bilabiali | p | b | | | | | m | | | ᵽ | ƀ | | |
| labiodentali | | | | | | | ɱ | | | f | v | | |
| interdentali | | | | | | | | | | ᵶ | đẕ | | |
| dentali | t | d | t' | d' | z | ʒ | n | r | l | ŧ | đ | s | ʃ |
| invertite | ṭ | ḍ | | | | | | ṛ | ḷ | | | | |
| (pre)palatali | ć | ǵ | | | | | ń | ŕ | l' | é | ǵ | ś | ʃ' |
| mediopalatali | | | č | ǧ | | | | | | h' | | š | ʃ̌ |
| postpalatali | ʾć | ʾǵ | | | | | | | | | | | |
| velari | k | g(ġ) | | | | | ṅ | | ꝉ | h | ꝺ | | |
| uvulari | k̂ | ĝ | | | | | | r̂ | | | | | |

TAV. VII

Paola Fenizi

# Gervasio Salina

## Intervistato da Contini

# Irene Salina (classe 1922)

## Intervistata da Rodolfo Pardi

# Gianfranco Contini

## NOTE SUL GERGO VARZESE

Il gergo che qui si registra è o, piuttosto, era usato dagli abitanti di Varzo (nell'ossolana Val Divedro), *d varų' | i̯*, emigrati a Parigi, in Savoia, in Isvizzera (particolarmente nel cantone di Vaud, nella Gruyère e nel Giura), dove erano in prevalenza magnani o negozianti di stoffe; e nel basso Piemonte (Carmagnola e il Monferrato: Alba, Casale, Asti), dove erano specialmente negozianti di ferramenta e ciabattini. Pur variando in generale da luogo a luogo nella stessa Svizzera, il gergo si differenzia maggiormente in Piemonte. La sua costituzione deve risalire a poco più d'un secolo fa, quando l'apertura della via napoleonica del Sempione accrebbe in modo imponente il fenomeno migratorio; l'ampiezza del patrimonio gergale prova infatti che era parlato da colonie numerose e salde; per di più una parte di esso è filtrata nella parlata corrente (p. es., *pųtlí, i̯ǫk, rüf*). Il suo uso ha ormai per gran parte ceduto a quello del francese o del piemontese anche nelle relazioni fra compaesani; eccetto dove, come a Parigi, lo si tiene in vita riflessamente per scrupolo di serbata tradizione.

Ho registrato come gergo, tolte poche eccezioni, il patrimonio lessicale che le mie fonti sentivano come gergo, cioè come recisamente distinto dal patrimonio dialettale genuino. Sarebbe stato illegittimo escludere metafore o termini correnti in Italia (come: *graté, röz, fųfa, pluf<sup>a</sup>r*) o mutuati dall'italiano letterario (*čarpí*), in quanto vengono usati con un valore che potrebbe dirsi tecnico, ben distinto da quello di: *rųbé, kavál* (o *čavál*), *pų|ri̯a*, ecc. E così, anche se si possa dubitare dell'originario valore generale di termini come *brųngóų, tavané*, è sopra tutto da tener presente il fatto che i parlanti, usandoli, hanno la coscienza di adoprare un gergo. Il fatto che alcune delle voci si riscontrano in altri dialetti ossolani depone soltanto per la larghezza dell'area e la frequenza dell'uso. Così com'è, il gergo, oltre a comprendere vocaboli assunti da un patrimonio di gergo assai antico e quasi universale in Lombardia (*bazúfịa, sškabi, štafę́l, štübi, štufi*), contiene in prevalenza termini ricavati dalla forma, dal colore o da altra proprietà dell'oggetto designato (*balọta, bịaṅkíṅ, bịọt, brüſ'ę́t, škụarę́t, bilakę́t*, ecc.), e in minor numero vocaboli dialettali a cui è assegnato un senso convenzionale (come: *aụniša, čọ|rňa, ịak^am, örč, tⱬ|vi, čụrtę́l*). I nomi di professione sono per lo più composti burleschi (*lụščafịu‖ṅſ'a, ſˇȶgarịalęnza, lapaȶę́t*).

Ho indicato con P. i termini peculiari al basso Piemonte; se ciò dà un carattere composito al dizionarietto, in compenso le fonti interrogate, benché fuor di paese abbiano abitato in luoghi assai lontani fra loro, appartengono tutte alla frazione di Coggia: il che, date le notevoli differenziazioni del territorio varzese, assicura una relativa organicità fonetica. Le fonti (tutte nate e residenti in valle) sono:

1. (la principale). Salina Gervasio, di anni 47, grande invalido di guerra, naturalmente assai intelligente e con forte coscienza della distinzione fra gergo e dialetto. Ha fatto il lattoniere in Isvizzera (Porrentruy, Saignelégier) per 5 anni;

2. Salina Anselmo, di anni 82. Ha fatto il negoziante di stoffe in Isvizzera (Échallens, Payerne) per 30 anni;

3. Bozzo Giorgio, di anni 86. Ha fatto il magnano in Savoia per 6 anni.

4. (per alcune voci della vicina Trasquera) Mazzuri Gaudenzio, di anni circa 40, medico di Trasquera;

5. (per le voci piemontesi) Salina Borello Giovanni, di anni 72. Ha fatto il negoziante di ferramenta a Canale d'Alba per 32 anni;

6. (per poche voci) Rev. Salina Giuseppe, di anni 55, prete, autore di poesie dialettali. È stato da bambino a Carmagnola e a Chieri.

Per scrupolo bibliografico, occorre aggiungere che una raccolta di termini gergali, barbaramente riprodotti e confusi con forme del dialetto genuino, fu stampata da tale Georges Savaglio in un opuscoletto di 27 pagine (Domodossola, Porta, 1911) intitolato *'Vocabolo del dverun'* (dice pro-

prio così). Alcune voci registrate dal Savaglio (Sav.), e da
me non riprodotte perché nessuna delle fonti le conosceva,
sono: *schilera* [*škilęra*] «saldatura» [propriam.: credenza]; *bu-
sull* «tabacco da fumare»; *fuffa* [*fųfa*] «tabacco da fiuto» [ger-
galm.: paura]; *mosciui* [*mǫšų'ļi̥*] «seno» [propriam.: mucchi,
specialmente di fieno]; *sfottoria* «levatrice» [in dial.: *savi̥a fę-
mna*]; *sghinga* «sterco». Locuzioni come *pes da Trasquera*
[*pęʃ' da traškų̥ęra*] per «vitello» e *tciül da terra* [*ćül da tę-
ra*] per «donna ricca» hanno tutta l'aria di espressioni, per
così dire, individuali, e in ogni caso limitate all'uso parigi-
no, poiché abitavano a Parigi i compilatori (che, a quanto
mi si assicura, furono parecchi) del dizionarietto. Esiste poi
un unico, che io sappia, testo stampato contenente voci gergali (p. es., *kröġa*, *landrina*, *mit*ᵃ*r*, *bödaʃ*) ed è un discorso
tenuto nel 1884 alla inaugurazione del primo albergo dell'Alpe Veglia (nella valle della Cairasca, in comune di Varzo);
ma poiché esso è infarcito di italianismi e francesismi, e non
rispecchia genuinamente né il dialetto né il gergo, non met-
te conto di riprodurlo.

Alcune osservazioni in ordine alla fonetica. Devo notare
alcune incertezze e variazioni delle mie fonti: tra *ka* e *ća*
(ho avuto *tǫka*, Sav. ha *tôtscia*; cfr. anche *ġę|ų̥za* e *ġęų̥za*);
tra *ǫ* ed *ö* < *ǒ'* (ho avuto *nę a löi̥*, ma anche — *lǫ|i̥*); tra
*ų* ed *ü* protonici (*rų̥zzát* e *rų̥zzé*, ma ho avuto anche *rüʒʒé*;
ho avuto *ćų̥rtęl*, ma Sav. ha *tciurtel* che è probabilm. *ćürtęl*
[a ogni modo il passaggio da *co-* a *ćų-* rende necessaria la
fase *ćü-*]; cfr. inoltre *ćų̥pę́* e imp. *ćǫpa*, *škrüʃ'ę́* e imp. *škrǫ|ʃa*);
tra *ę́* + nasale e *ęi̥* con nasale caduta (*lęnza* e *lęi̥za*, cfr.
*mai̥nš* 'maggio', a Varzo, Crodo e Premia di c. a *ma|ńš* di
Bognanco). E da notare inoltre il doppione *fi̥uńʃᵛa / ši̥uńʃᵛa*,
e accanto ai miei *lęi̥za*, *ġę|ų̥za*, *ćų̥rtęl*, le forme *sleizza* [*šlęi̥za*]
per «birra», *sgueuzza* [*ʃᵛgęų̥za*], *stciürtel* [*šćürtęl*] di Savaglio.
In bocca ad alcuni vecchi *ü* tonico, così bene che lungo, s'a-
pre in *ö* (ho avuto *zökul*; cfr. *ćü|ʃ* e *ćö|ʃ* < *clusu*, nel cita-
to testo del 1884 *miracolœus* per *mirakų̥lüʃ*). *Bęć* [propriam.:
becco] non è però usato nel senso proprio (in questo si ha
*büć*; cfr. a Malesco *bęk* e *büć*); circa la risoluzione di *-co* cfr.
anche *öŕć*, *la|ŕć* (v. Bertoni *'Italia Dialettale'*, p. 86 sg., per
la sola dichiarazione dal plurale).

I plurali maschili si formano tutti con lo scadimento vocalico (*a/ẹ; e/i; ǫ/ö; u, ǫ/ü; i, ö, ü* invariati) anche dove non si abbia metafonesi promossa da -ı etimologico (p. es., *kẹfi, frẹt, ćẹfᵃr; baita, drik, i̯ök; tarti̯ü̃|r; arbí|k, pör, šüć;* unica eccezione, *bǫ|r* che rimane invariato); solo i plurali delle voci ossitone in *-l*, *-n* si formano con *-i*, e il *-l* o *-n* cade (p. es., *fi̯ütlá|i̯, ću̯rtẹ́|i̯*). I femminili perdono la *-a*. Le forme di participio passato (*-ǫ́u̯*) hanno *-á‖* nel femm. sing., *-ẹ́i̯* nel msch. pl., *-á* nel femm. pl.


*ani|ʃ'i* bambino
*arbí|k* asino (P.)
*artíš* (*bata l-*) industriarsi a vendere [propriamente: mestruazione].
*arzibẹ́ć* prete (P.) [gergalm.: arci-paesano].
*au̯niša* argento [propriam.: ontano].


*bai̯ẹta* soldato.
*balǫta* patata.
*barbu̯tẹ́* rubacchiare [propriam.: borbottare].
*barlafi* labbro. [1]
*barlǫzza* piombo.
*barʃˇakẹ́* chiacchierare. [2]
*bau̯dröć* padrone (femm. *bau̯drǫ́ǵa*).
*baʒúfi̯a* minestra. [3]
*bẹ́ć* indigeno (P.) [propriam.: becco].
*bẹtla* osteria. [4]
*betláṅ* oste. [4]
*bẹ|u̯ʃa* pancia. [5]
*biaṅkiṅ* latte.
*bilakẹ́t* fico (P.) [cfr. *bilaka* «sterco bovino»].
*biṅćẹta* giacca. [6]
*bi̯ǫša* carne [cfr. *bi̯aśẹ́* «biasciare»].
*bi̯ǫt* burro [propriam.: nudo].
*bi̯u̯šát* macellaio.
*blẹzza* 1) mercanzia; 2) (P.) scudo [propriam.: bellezza].
*blina* donna di malaffare [propriam.: una razza di vacche, forse 'bellina'].
*bödaś* scarpa. [7]
*bǫla* città. [8]

*zafiuté* borbottare.
*zaklé* mangiare (in fretta e molto).
*zaruné* (anche *ne a zarón*) gironzolare. [56]
*zavát* bicchiere [propriam.: scarpa].
*zülćét* testa.
*zükul* cioccolato [propriam.: zucchero].
*züfé* guadagnare.
*zürúk* zucchero.


NOTA — Il dialetto di Varzo (di cui l'Opera per il Vocabolario della Svizzera Italiana possiede materiali eccellenti) non è mai stato oggetto di studio particolare. Poche notizie, ma tutte di prima mano, hanno dato il SALVIONI (p. es., per *ardſonéi* nel *BOVocSvIt.* V, 1929, p. 3) e il BERTONI nell'*Italia Dialettale'* (a pp. 57, 86, dove sono da aggiungere le forme, da me ricordate qua sopra, *örć, la|rć*, ecc. e a pp. 93, 105, 196; circa la mancanza nei dialetti ossolani di *r* da -L-, giustamente rilevata a p. 89, è però da aggiungere che se n'ha qualche traccia in toponimi: p. es., *beura* che è certamente *bevola* < BIBŪLA, e nel territorio varzese forse *ćampuríń*). Non ci si può invece fidar troppo dei vocaboli registrati dal GYSLING, l.c., nel lessico. Sono esatti i vocaboli: *zafióta* * (ma c'è pure *zafiöt*), *karé* (veramente con la tonica lunga), *parziá|na, uer*; e potrebbe anche darsi che il G. abbia avuto realmente *nuſˇé|ra*, benché a me risulti soltanto *nüſˇera*. Ma il sing. *flać* non esiste (solo il plur. *i fleć*); *frantañúń* non vale «intreccio di vimini che serve a portar pesi sulla spalla», ma è il «piatto, appunto di vimini intrecciati, che si mette sotto le pentole»; non si dice *lamauáza* (parola del resto presa dal SALVIONI), ma *lamaġuaza*, come *barbaġuáz*, e non vale soltanto «madrina», ma «zia che sia anche madrina»; *fa| na kra|vatéiſa* («capriola») è ossolano, ma non di Varzo, dove si dice *fe na ćaiateſ'a* (Malesco *kreveteſ'a*); *liaſˇöi* suona invece *liašöi*, e designa i soli «legaccioli di cuoio» (in genere *štrupíi*); non *máuli*; ma *mauri* è un soprannome**; *me|ša* ha la tonica breve; *raſaríóla* ha *-ſ-'*; errori più gravi di tutti sono poi *ok* e *uriúń* per *lok* e *luriúń*.


# Da "L'Italia dialettale", 8, 1933, pp. 198-207

# FINE

# Gli autori

 ***Rodolfo Pardi*** è un autore, giocatore di torneo,

istruttore e arbitro della FSI.
Il suo sito: _http://valdivedro.vecchilibri.eu/,
 _http://www.facebook.com/Rodolfo.Pardi
info@vecchilibri.eu
Author page: http://www.amazon.com/-/e/B009AX8XAM/

 ***Evelyne Nicod*** è pittrice, illustratrice, incisore.

Il suo sito: ***www.gatteria.it***

 ***http://www.facebook.com/gatteria***

info@gatteria.it

## La copertina

Evelyne Nicod è conosciuta per le sue creazioni artisti-
che legate al mondo felino, dipinti, acqueforti e illustrazioni di prodotti commerciali, per le edizioni
"Gatteria". Dipinti, acqueforti, ex libris, bibliografia,
recensioni, filmati sul suo sito.
Ha pubblicato una ventina di racconti nei calendari attuali, e molti ebook con le sue immagini.

# Pubblicazioni di Rodolfo Pardi

I libri seguenti sono in italiano, potrete vedere gratuitamente le anteprime seguendo i link:

- *Chess Patterns, una scelta di schemi fondamentali di scacchi* presenta 50 patterns, da quelli di matto alle forchette.
- Una famiglia di ulteriori schemi essenziali di scacchi, illustra completamente 3 categorie di patterns, la falsa inchiodatura, il matto affogato e l'attacco all'arrocco.
- *Blackburne Chess Trap, una trappola di scacchi facile e micidiale* , disponibile anche in inglese.
  Il nome di questo tranello di apertura è associato a Joseph Henry Blackburne (1841-1924), soprannominato la Morte Nera, che secondo la leggenda si guadagò la vita giocando a uno scellino a partita, con almeno centomila giocatori.
- *Case critiche e opposizione, il pattern di scacchi più importante* Pattern #29 del FCP, disponibile anche in inglese.
  Come potete pensare di giocare con 32 pezzi, se avete difficoltà con tre? (James Mason)
- Come creare il proprio repertorio di scacchi, quattro aperture, e come costruire un repertorio. Disponibile anche in inglese.
- Migliorare la visualizzazione senza la scacchiera, una serie di esercizi per migliorare la visualizzazione, ridurre gli errori e giocare più in fretta. Disponibile anche in inglese
- Gocce di saggezza scacchistica, molte linee guida.

- Scacco gatto in due mosse, due brevi raccontie una scacchiera e i pezzi degli scacchi in forma di gatto.
- Corso per principianti assoluti, tenuto all'UTE e alla Scacchistica Milanese.
- 101 schemi essenziali di scacchi
- Visualizzazione per giocatori non vedenti
- Finali d'Alfiere
- Gocce di saggezza per giocatori non vedenti

# Edizioni Gatteria

## LIBRI (PAPERBACKS) RECENTI SU AMAZON

Carpe diem
Villa Celeste
Mestiere: gatto
Schizzi e ritratti
Amitié en parallèle
Da un gatto all'altro
I 12 segni dello zodiaco
Le monde d'Alice Moprez
Le 26 lettere dell'alfabeto
I tarocchi in 22 arcani maggiori
24 esquisses et portraits de femmes
Biglietto di sola andata, però in prima classe


*EBOOKS tutti illustrati:*
*Mestiere gatto 18 racconti illustrati. (IT)*
*Les tarots du chat in 12 arcani maggiori*
*Lo zodiaco (IT, FR)*
*Lo zodiaco in acquaforte (IT, FR)*
*Scacco gatto in due mosse due novelle (IT)*
*L'alfabeto gattesco (IT, EN, FR, DE)*
*Ciccia, un gatto on the road again (IT)*
*The national Gattery (EN)*
*Italian Cats, an unusual Deck of cards (EN)*

Disponibili  su Amazon, Kobo, Google Books.

# MESTIERE: GATTO
## *diciotto racconti illustrati*

- 2003 La famiglia   Un sole rovente piomba sul sasso graticola che funge da sdraio ...
- 2004 È nata una stellina   Questa non è finzione, i personaggi di questo racconto esistono, eccome ...
- 2005 Gigi il magnifico   Sembrava un topo gigante per il colore del mantello, ma il suo incedere ...
- 2006 Tea, gatta metropolitana   In una notte di luna piena, limpida, nel cortile di un garage del centro ...
- 2007 La vera vita di Marie e Bella   Era il 17 mar 1945 in un villaggio innevato dell'alto Jura francese ...
- 2008 Gli eremiti   Il viaggio era alquanto pittoresco: ottanta mucche salivano in gruppo ...
- 2009 Rosa, io ti salverò   Arrivò in un pomeriggio uggioso, lo splendido corpo muscoloso ormai stremato ...
- 2010 Ciccio, gatto urbano   Nella periferia inquinata della megacittà, l'afa di luglio ...
- 2011 Il Relais des Anglais   I tre mici vivono in riva al mare in un albergo detto "di charme" ...
- 2012 Una bella famiglia   E' nata dispettosa e prepotente, ma la natura generosa nei suoi confronti, ...
- 2013 C'era una volta ... Ciccia   Cullata da una sonnolenza deliziosa, la narratrice fissava il cielo ...
- 2014 Silvestro ed il badante   Il suo nome da fumetto gli stava a pennello, bianco e nero come da copione, non bello ma simpatico

- 2015 Furia, l'intruso  Mimì, la tigrotta, sta montando la guardia dietro al portaombrelli del corridoio buio, il campanello ha già suonato due volte, chi sarà a quest'ora così tarda? ...
- 2016 Rossolo, il valoroso  Siamo nel Puy-de-Dome, in un albergo circondato da un grande parco, molto rigoglioso ...
- 2017 Mimmo e Mimì, i gemelli scatenati Il mio nome è Mimmo, quello di mia sorella Mimì. Così fummo chiamati dai primi umani che ci presero in casa ...
- 2018 Ciccia forever  Dopo varie esperienze "gattesche" finite in tragedia, fu deciso di non ricadere più in situazioni del genere
- 2019 Dal diario di Ciccia  Ciccia, dopo sei anni di zitellaggio ...
- 2020 Piuma  La montagna risplendeva nel suo manto verde di giugno. ...

# GAT·A·LOGUE

**24 Esquissses**
*et portraits de femmes*
PAPERBACK ACQUISTABILE SU:
**http://www.amazon.it/dp/B08NCCPLCR/**

**Villa Celeste**
*ed altre storie*
PAPERBACK ACQUISTABILE SU:
**http://www.amazon.it/dp/B08W7JH7RL/**

**Da un gatto all'altro**
*un'antologia*
PAPERBACK ACQUISTABILE SU:
**http://www.amazon.it/dp/8887709971**

**Biglietto di sola andata**
*però in prima classe*
PAPERBACK ACQUISTABILE SU:
**http://www.amazon.it/dp/8887709939/**

**Le monde d'Alice Moprez**
PAPERBACK ACQUISTABILE SU:
**http://www.amazon.it/dp/B08CG2RWCK/**

*dai calendari 2003-2020*
**Mestiere:gatto**
*18 racconti illustrati*
PAPERBACK ACQUISTABILE SU:
**http://www.amazon.it/dp/8887709564**

# Copyright



Bene, se avete avuto la costanza di arrivare in fondo, e pensate che questo libro vi abbia fatto trascorrere un po' di tempo lontano dai problemi quotidiani, potete lasciare una recensione sul sito di Amazon che sia di aiuto nella scelta ai visitatori.

Questo volume è stato stampato nel luglio 2022 da Amazon

www.ingramcontent.com/pod-product-compliance
Lightning Source LLC
Chambersburg PA
CBHW072228150726
48002CB00005B/1993

9 791280 330499